U0717039

三藩纪事本末

〔清〕杨陆荣 撰

吴翊如 点校

中华书局

图书在版编目(CIP)数据

三藩纪事本末/(清)杨陆荣撰;吴翊如点校. —北京:中华书局,2018.6(2024.11 重印)
(历代纪事本末)
ISBN 978-7-101-13105-5

Ⅰ.三… Ⅱ.①杨…②吴… Ⅲ.三藩之乱-史料
Ⅳ.K249.205

中国版本图书馆 CIP 数据核字(2018)第 041002 号

书　　　名	三藩纪事本末	
撰　　　者	〔清〕杨陆荣	
点 校 者	吴翊如	
丛 书 名	历代纪事本末	
责任编辑	许　桁	
封面设计	刘　丽	
责任印制	陈丽娜	
出版发行	中华书局	
	(北京市丰台区太平桥西里 38 号　100073)	
	http://www.zhbc.com.cn	
	E-mail:zhbc@zhbc.com.cn	
印　　　刷	大厂回族自治县彩虹印刷有限公司	
版　　　次	2018 年 6 月第 1 版	
	2024 年 11 月第 4 次印刷	
规　　　格	开本/850×1168 毫米　1/32	
	印张 3¼　插页 2　字数 56 千字	
印　　　数	4401-4900 册	
国际书号	ISBN 978-7-101-13105-5	
定　　　价	22.00 元	

点校说明

　　三藩纪事本末四卷，清初杨陆荣撰。陆荣字采南，青浦（今属上海市）人，生平事迹不详。

　　是书叙明、清之际史事，起崇祯甲申（一六四四）福王在南京建立南明政权，迄清康熙二十二年（一六八三）郑克塽以台湾归清止。书成于康熙丁酉（一七一七），距清朝全部消灭南明势力，仅三十余年，当时尚无禁毁野史之令，作者杂采各家野史所记，并参考王鸿绪明史稿中有关部分，比较系统地记录了南明史事，对于研究这一时期的历史有一定参考价值。但作者的立论和叙事，完全站在清统治者的立场。记事亦有传闻异词或失实之处，如艾南英之死，四库总目提要就指出与明史文苑传所载不同。至于说郑成功沉鲁王于海，全祖望曾力辨其非（鲒埼亭集外编卷四十三论本书帖子），柳亚子且谓作者“以敌国诬谤之辞混淆史实”（怀旧集羿楼旧藏南明史料书目提要）。此外，人名、地名、时间和史事细节的出入还有不少，其是非有待进一步研究考订。现在中华书局把它作为纪事本末体系列史书之一种，排印出版，以备异说。

此书成后，即刊印行世，但康熙初版锓刻不精，颇多错字。嘉庆戊辰（一八〇八）张海鹏校订重版，改正了原本不少错字，但亦产生了一些新的错误。此次点校，以嘉庆本为底本，用康熙本校勘。凡据康熙本改正或补入的字，加上〔　〕；底本错误而应改应删的字，加上（　），用小一号字排，以资识别。间有两本相同的显著错字，则据他书校正之，仍用方圆括号处理。卷三王师南征一目内字有空缺，两本皆同，无可校补，按空缺排成□。至于避讳字，则径行回改，不作任何记号。

点校稿承中华书局编辑部仇正伟同志审阅，多所指正，谨致谢意。不妥之处，仍请读者批评。

点校者

三藩纪事本末叙

　　闯成肆逆，祸及君后，明之子孙臣庶不能讨，圣朝念万古君臣之义不可以不正，赫怒兴师，逆成西窜，胜朝不共之仇藉以复焉。真人出而大难平，乾坤之位定矣。有明诸藩诚思复仇之大德，痛余氛之未除，凭借威灵，共剪残孽，迨乎罪人斯得，藉土来归，庶几上顺天心，下从民愿，度德量力，计无逾此。昔殷辛失德，微子抱器归周，夫子删书，不以微子之不正位号为罪，而亟称之曰仁。当是时，取殷之天下者周也，视圣朝之取天下于闯，而且为明之子孙臣庶复不共之仇者，彼此相衡，判若天壤，乃微子可以归周，诸藩顾思僭号自立，仁者固如是乎？秦人失鹿，楚人攫之，与楚人争之可也，与攫楚之人争之不可也。何也？义不可也。且向也以全盛之天下授之群盗，今也以破残之疆土衡抗天朝，天既厌明德，尚思挺而走险，岂惟违乎仁、悖乎义云尔哉，抑亦不智甚矣。然犹藩之者何也？曰不没

其实，正所以不予其僭也。其实藩也，则明之祖宗未尝以
统授之也，明之百姓未尝以统归之也。上不以统授，下不
以统归，而妄干大号，是僭而已矣。僭窃之人，王法之所
不宥，然则诸藩之随起随灭，身膏斧锧，夫亦其自取焉尔。
若夫拥立诸臣，独无罪乎？夫伊尹五就，管仲一匡，苟审
所优负而为之，君子且不以为过，不然则首阳饿夫，不闻
佐武庚以倡乱也，审此而诸臣之为功为罪，了若指掌矣。
酉春多暇，检阅遗编，凛大命之莫干，悼王行之自绝，因
类次其事而书之卷首。时康熙五十六年，岁次丁酉，仲春
下浣，青浦杨陆荣采南氏书。

三藩纪事本末凡例

一，是编悉遵本朝正朔，各藩所僭位号不以统年。

一，是编虽杂采劫灰、浮海、甲子、江（大）〔人〕事、江难、也是、遗闻、编年、遂志等书，然一以王大司农奉旨分编之史传为正，故与野史所载微有异同。

一，论断必具史才，叙而不论，以俟作者。

一，编中间有一二不见正史，止据野史收入，阅者倘确知其失实，幸即赐教，以便改正。

一，编中搜罗未广，倘有家藏善书，或赐借观，或赐函教，以便增入。

采南氏识

四库全书提要

三藩纪事本末四卷

国朝杨陆荣撰。陆荣有易互，已著录。是编成于康熙丁酉，首纪福王、唐王、桂王始末，及四镇、两案、马阮之奸，次纪顺治初年平浙、平闽、平粤、平江右事迹，及鲁王、益王之乱，饶州死难诸人，金声桓之乱，及大兵南征，何腾蛟、瞿式耜之死，孙可望、李延龄之变，次为桂王入缅，蜀乱、闽乱及杂乱。其凡例自云，搜罗未广，颇有疏漏；又间有传闻异词者，如明史文苑传载艾南英以病死，而此载其自缢殉节，亦仅据其耳目所及，未一一详核也。

三藩纪事本末目录

三藩纪事本末卷一

三藩僭号

福王名由崧，神宗孙，福王常洵之子。洛阳陷，王避乱南下，次淮安。值甲申三月国变，南中府部等官会议监国，凤督马士英移书史可法及兵部侍郎吕大器，请奉福王。可法、大器以潞王稍有贤誉，持未决。而士英密与操江诚意伯刘孔昭，总兵刘泽清、高杰、黄得功、刘良佐拥兵迎王于江上。王至南京，以内守备府为行宫，四日监国，十五日僭即位，称明年为弘光元年。

顺治元年甲申五月，王召史可法、高弘图、马士英入阁办事，姜曰广、王铎俱为大学士，张慎言为吏部尚书。以总兵黄得功、高杰、刘泽清、刘良佐分镇淮上，史可法开府扬州，督其军。

六月，命礼部铸国玺，以金代之。

召刘宗周为都察院左都御史。宗周疏论时事：一言据形胜。江左非偏安之业，宜以亲征之师东厄淮徐，北控豫州，西顾荆襄，渐恢渐进。一言重藩屏。路振飞坐守淮城，久以家眷浮舟远地，刘泽清、高杰亦有家口寄江南之说，是二镇一抚皆可斩也。一言慎爵赏。各帅封赏，孰应孰滥，宜严加分别，如左帅以恢复而封，高、刘以败逃而亦封，将谁为不封者？武臣既滥，文臣随之；外廷既滥，中珰随之，臣恐天下闻而解体也。一言核旧官。燕京既陷，有受伪官而逃者，有在封守而逃者，有在使命而逃者，宜分别定罪。又言："贼兵入秦逾晋，直逼京师，大江以南，二三督抚坐视君父之危亡，未尝遣一骑入援。既而大行之凶问确矣，督抚诸臣仍复安坐地方，止图定策之功，未尝肯移一步。洎乎新朝既立，自应立遣北伐之师，而诸臣之计又不出此，纷纷制作，尽属体面。更难解者，先帝升遐丧诏，距今月余浙中尚未颁至。近省如此，远省可知。仰惟陛下再发哀痛之诏，立兴问罪之师，请自中外诸臣之不职者始。"未几，宗周予告去。

遣太监王肇基督催闽、浙金花银两。肇基原名坤。

上崇祯帝谥曰思宗烈皇帝，周皇后曰孝节皇后。既易"思"为"毅"。

追尊建文君为惠宗让皇帝，景泰为代宗景皇帝。复懿文太子为兴宗孝康皇帝。尊皇考福恭王为恭皇帝，寻改孝皇帝，立专庙。

削温体仁文忠谥，允礼部尚书顾锡畴请也。未几，锡畴以请削温谥夺职。

释高墙罪宗七十五案。

予大学士文震孟谥文肃，刘一璟谥文端，贺逢圣谥文忠，礼部侍郎罗喻义谥文介，詹事姚希孟谥文毅，兵部尚书吕维祺谥忠节，山西巡抚蔡懋德谥忠襄，随州知州王燝谥忠愍。懋德谥寻夺。

吏科马嘉植疏陈立国本事：一改葬梓宫，一迎养国母，一访求东宫、二王，一祭告燕山陵寝。

命总兵王之纲迎太妃于河南郭守义家。洛阳之变，太妃与妃各依人自活，至是迎之。随谕工部于三日内搜括万金，以充赏赐。

御史祁彪佳请禁革诏狱、缉事、廷杖三弊政。时议复厂卫，人心皇皇，故彪佳言之。户科给事中吴适亦言："先帝十七年忧勤，曾无失德，止有厂卫一节，未免府怨臣民。陛下试思先朝之何以失，即知今日之何以得。"疏入，俱不省。

八月，以逆案原任光禄卿阮大铖为兵部右侍郎。未几，转左。于是太仆少卿杨维垣、徐景濂，给事中虞廷陛、郭如闇，御史周昌晋、陈以瑞、徐复阳，编修吴孔嘉，参政虞大复辈，皆相继起用。

命锦衣都督冯可宗遣役缉事。礼科给事中袁彭年言："相传文皇帝十八年始设东厂，然不见正史。嗣后一盛于成化，西厂汪直逾年即罢。再盛于正德，逆瑾煽虐，天下骚然。三盛于天启，逆魏之祸几危社稷。顷先帝亦尝任厂卫缉访矣，乃当世遂无不营而得之官，中外自有不胫而走之贿。厂卫之盛衰关世运之治乱，不可不革。"疏入，谪浙江按察使照磨。

诏选宫女及内员，廷臣交章谏，不听。

九月，予北京殉难诸臣谥，大学士范景文文贞，户部尚书倪元璐文正，左都御史李邦华文忠，副都御史施邦曜忠介，戎政侍郎王家彦忠端，刑部侍郎孟兆祥忠贞，大理寺卿凌义渠忠清，太常寺卿吴麟徵忠节，庶子周凤翔文节，谕德马世奇文忠，中允刘理顺文正，简讨汪伟文烈，太仆寺寺丞申佳胤节愍，给事中吴甘来忠节，御史陈良谟恭愍，陈纯德恭节，王章忠烈，吏部员外许直忠节，兵部主事成德忠毅，金铉忠节，观政进士孟章明节愍，立祠赐名旌忠；勋戚惠安伯张庆臻忠武，襄城伯李国桢贞武，新乐侯刘文炳忠壮，左都督刘文耀忠果，驸马都尉巩永固贞愍；太监王承恩、王之心忠愍，李凤翔恭壮；大同巡抚卫景瑗忠毅，宣府巡抚朱之冯忠壮，总兵吴襄忠壮，周遇吉忠武，补予大学士孙承宗文忠，太常少卿鹿善继忠节。

工部主事王钟彦、经历施溥、中书舍人宋天显各予祭葬。

开纳贡助工例。

十月朔，命铸弘光钱。

以杨维垣为通政使。维垣亟谋起官，礼部尚书钱谦益力荐之。谦益，东林领袖，至是附和马、阮，为天下所笑。明年二月，维垣进左副都御史。

修<u>兴宁宫</u><u>慈禧殿</u>。时庙门告灾，<u>凤阳祖陵</u>一日三震，而王荒酒渔色，工费无度，识者知其不堪旦夕矣。

十一月，补予大学士<u>孔贞运</u>谥文忠，<u>蓟辽</u>总督<u>吴阿衡</u>忠毅，简讨<u>胡守恒</u>文节。

二年乙酉，正月元旦，日有食之。

重刊要典。<u>杨维垣</u>既任事，追论三案，力诋<u>王之寀</u>、<u>杨涟</u>等，而为<u>刘廷元</u>、<u>霍维华</u>等讼冤，请重定钦案。章下吏部，尚书<u>张捷</u>力称维华等忠，请表章三案诸臣，追赐恤典。赠荫祭葬谥全者，<u>霍维华</u>、<u>刘廷元</u>、<u>吕纯如</u>、<u>杨所修</u>、<u>徐绍吉</u>、<u>徐景濂</u>等六人；赠荫祭葬不予谥者，<u>徐大化</u>、<u>范济世</u>等二人；赠祭葬者，<u>徐扬先</u>、<u>刘廷宣</u>、<u>岳骏声</u>等三人；复官不赐恤者，<u>王绍徽</u>、<u>徐兆魁</u>、<u>乔应甲</u>等三人。他若<u>王德完</u>、<u>黄克缵</u>、<u>王永光</u>、<u>章光岳</u>、<u>许鼎臣</u>、<u>徐卿伯</u>、<u>陆澄源</u>等，虽名不丽于逆案，而为清论所不予者，亦赐恤有差。<u>唐世济</u>、<u>杨兆升</u>等复起用。<u>袁洪勋</u>请追论焚要典诸臣罪。<u>宁南侯左良玉</u>、<u>江督袁继咸</u>皆言要典不必重颁，不听。

二月，禁宗室入京师。

<u>阮大铖</u>进本部尚书，兼右副都御史，仍阅江防。

予吏部侍郎<u>顾起元</u>谥文庄，都督<u>刘源清</u>谥武节。

四月，从逆<u>光时亨</u>、<u>周钟</u>、<u>武愫</u>伏诛。本兵<u>张缙彦</u>首从贼，仍授原官，总督<u>河北</u>、<u>山西</u>、<u>河南</u>军务。其他大僚降贼者，贿入，辄复原官。

五月，大兵渡<u>江</u>，王奔<u>芜湖</u>。十五日，大兵追至<u>芜湖</u>，执王北去。丙戌五月，赐死。

唐王名聿键，端王硕熿孙。父器墭，先死。聿键于崇
祯五年嗣立，后因率兵勤王，擅离南阳，锢高墙。会赦，
出。南都勿守，总兵郑彩、郑鸿逵撤师回闽，适王自河南
来，因奉之，至福州，与福建巡抚张肯堂、巡按御史吴春
枝、在籍礼部尚书黄道周、南安伯郑芝龙等会议，立王监
国。鸿逵请正位，不然无以压众心。诸臣以监国名正，候
出关建号未迟。李长倩有"急出关，缓正位，示监国无富
天下心"一疏。而拥立者艳推戴功，不数日，即定议僭即
位于福州，时顺治乙酉闰六月十五日也。改福州为天兴府，
以布政司署为行宫，大赦，僭改元隆武。

以张肯堂为吏部尚书，李长倩为户部尚书，曹学佺为
礼部尚书，吴春枝为兵部尚书，周应期为刑部尚书，郑瑄
为工部尚书。八闽俱设巡抚。

起蒋德璟、黄景昉、黄道周、苏观生、何楷、陈洪谧、
林欲楫、朱继祚、黄鸣俊皆为大学士。曾樱、何吾驺、郭
维经、叶廷桂以次至闽，皆令入阁办事，阁臣至三十余人，
然不令票旨，皆王亲为之。

封郑芝龙为平卤侯，郑鸿逵为定西侯，郑芝豹为澄济
伯，郑彩为永胜伯，战守机宜悉芝龙为政。于是集议战守
兵，自仙霞关而外，宜守者一百七十处，计兵十万，战兵
如之。合闽、浙、两粤之饷不足供兵食，乃令抚按以下捐
俸助饷。官助之外有绅助，绅助之外有大户助，借征钱粮，
大鬻官爵。王屡责芝龙出师，于是议兵一出浙东，一出江
西，然每云饷乏，终无一兵出关也。

改庶吉士为庶莘士。

十月，曾妃至。妃警敏，颇知书，每群臣奏事，妃于屏后听之，共决进止，王颇严惮焉。

顺治三年丙戌正月，王以郑鸿逵为大元帅出浙东，郑彩为副元帅出江西。既出关，不行，未几称饷绝而还。

命黄道周督师出江西。道周愤郑氏无出师意，乃请募兵江西，王给空札百函，持一月粮以行。道周出衢州，至婺源，为我兵所擒，死之。

蒋德璟疏请行关，遂告病去。

二月，王亲征，驻建宁，楚抚何腾蛟、江右杨廷麟皆有疏来迎，王欲往江右，芝龙固请还师，乃驻剑津。

王子生，大赦。

六月，郑芝龙还安平。八月，王决计赴赣，二十一日起行，二十四日抵顺昌。大兵追及，获之，与曾妃同斩于汀州。

永明王名由榔，桂王常瀛少子，神宗孙。初封衡阳，张献忠陷衡州，桂王避于梧州。乙酉，王薨于梧。丙戌，唐王死，两广总督丁魁楚与广西巡抚瞿式耜会议监国。阁学兵部尚书吕大器、原任兵部尚书李永茂俱至。以丙戌十月十四日称监国，十一月僭即位，改元永历，以肇庆府署为行宫。

以丁魁楚、吕大器为大学士，魁楚兼戎政，大器兼中枢。未几，大器辞入蜀。

追谥唐藩曰思文。

以王肇基为司礼太监，遂擅朝政。于是户部郎中周鼎瀚内批予给事中，兵部侍郎王化澄内批予尚书，廷臣争之，不听。

李永茂去，以疏荐刘湘客，王肇基持之，被斥故也。

以朱治涧为两广总督，守肇庆。

顺治四年丁亥二月，以瞿式耜、严起恒为东阁大学士，以锦衣指挥马吉翔掌丝纶房事，同票拟。

三月，进式耜文渊阁大学士兼吏兵两部尚书，守桂林。

五年戊子四月，王子生，大赦。

召旧辅何吾驺、黄士俊为东阁大学士。

六年己丑冬十月，封黔镇皮熊为匡国公，播镇王祥为忠国公，防滇寇也。

七年庚寅春正月，王奔梧州，留马吉翔、李元胤守肇庆。

二月，下都御史袁彭年，少詹事刘湘客，给事中丁时魁、金堡、蒙正发诏狱。彭年以反正功免议，堡与时魁并谪戍，湘客、正发赎配追赃。时朝士各树党，从李成栋至者，袁彭年、曹晔、耿献忠、洪天擢、潘曾纬、毛毓祥、李绮，自夸反正；从广西扈行者，朱天麟、严起恒、王化澄、晏清、吴贞毓、吴其雷、洪士彭、雷得复、尹三聘、许兆进、张孝起，自恃旧臣。久之，复分吴、楚两党。主吴者，天麟、孝起、贞毓、李用楫、堵胤锡、王化澄、万翔、程源、郭之奇，皆内倚马吉翔，外结陈邦传；主楚者，袁彭年、丁时魁、蒙正发、刘湘客、金堡，皆外结瞿式耜，内倚李元胤。元胤，成栋子也，彭年等附之，时号"五虎"。于是互相攻击无虚日。王知群臣水火，令盟于太庙。然党结益固，不可解，堡尤恃强，化澄、吾驺相继排去。贞毓等欲排之，而畏元胤，不敢发。是春，王赴梧州，元胤留肇庆，邦传率兵援广州，贞毓乃合御史程源等十四人共击之。

八年辛卯春二月，孙可望遣贺九义杀大学士严起恒，追杀督师兵部尚书杨鼎和于昆仑关，并杀给事中刘尧珍、吴霖、张载述等，并执阁学杨畏知以归，杀之。

以吴贞毓为东阁大学士。

九年壬辰二月，孙可望迁王于安陆所，改陆为隆，升所为府，后复改为安龙。

十年癸巳二月，王使林青阳于李定国，约来迎也。

十一年甲午三月，孙可望遣郑国、王爱秀至安隆，杀大学士吴贞毓及张镌等十八人，并议废后，后泣诉于王，乃止。

十三年丙申，孙可望自置内阁、六部等官，以文安之为东阁大学士，安之走川东。

李定国护王迁云南。

十六年己亥，王入缅。

十月，从官请造庚子历，从之。

十八年辛丑，缅人执王，归于王师。

四　镇

崇祯甲申，封黄得功为靖南伯。福王僭立，进侯，令驻仪真。命总兵刘泽清为东平伯，驻庐州。总兵高杰为兴平伯，驻瓜州。总兵刘良佐为广昌伯，驻临淮。大学士史可法开府扬州，兼督其师。

得功，榆林卫人，素忠勇，醉后运双刀如飞，每战血渍手腕，以水濡之，久乃得脱，军中呼黄闯子。建功河北，与良玉先得封。杰本闯贼部将，窃自成妻邢氏来归，积功至总兵。京城陷，杰南走。福王设镇淮上，诸将皆欲得扬州，而杰先至扬。民畏杰淫毒，不纳，杰遂攻城，掠妇女。可法议以瓜州予杰，乃止。九月，移镇徐泗，而家属寓扬。得功故守庐州，可法虑杰难制，乃移得功仪真相牵制。杰死后，得功乃驻庐州也。时东莱总兵黄蜚将之任，蜚与得功称兄弟，得功闻其将至，率骑三百，迎之高邮。杰疑得功图己，潜帅精卒伏道中。得功至土桥，方作食，伏起。得功出不意，举铁鞭走，飞矢雨集，马踣，腾他骑驰。有骁将舞槊直前取得功，得功反斗，挟其槊而挓之，复杀数十人，声咆哮如雷，跃入颓垣中，乃免。所随三百人无一存者，而仪真兵将亦被杰劫，杀伤过半。得功大忿恨，归诉于朝，愿与杰决死战，可法命万元吉和解之。适得功值母丧，可法命杰以千金为赙，乃止。

杰以得功事解，感可法，与谋恢复，请调得功、泽清赴邳、宿，而自提兵趋归、开，且瞰宛、洛、荆、襄，以为根本。<u>可法</u>壮之，然揣知<u>得功</u>必不为<u>杰</u>后继，故不调，仍驻<u>仪真</u>。<u>杰</u>复具疏言："目今大势，守<u>江北</u>以保<u>江南</u>，人人言之。然从<u>曹</u>、<u>单</u>渡，则<u>黄河</u>无险；自<u>颍</u>、<u>归</u>入，则<u>凤</u>、<u>泗</u>可虞，犹曰有<u>长江</u>天堑在耳。若何而据上游，若何而防海道，岂止<u>瓜</u>、<u>仪</u>、<u>浦</u>、<u>采</u>为<u>江南</u>门户已耶？伏乞和盘打算，定期速行，中兴大业庶有可观。"随发总兵<u>李朝云</u>赴<u>泗州</u>，参将<u>蒋应雄</u>、<u>许占魁</u>、<u>郭茂荣</u>、<u>李玉</u>赴<u>徐州</u>防守。八月，<u>可法</u>巡<u>淮安</u>阅<u>泽清</u>军，随具疏请饷为进取计。九月，巡<u>仪真</u>阅<u>得功</u>军。十月，闻<u>自成</u>败还<u>陕西</u>，<u>杰</u>即率兵进。<u>可法</u>赴<u>清江浦</u>，遣官屯田<u>开封</u>，为经略中原根本。时诸将各分汛地，自<u>王家营</u>至<u>宿迁</u>，最冲要，<u>可法</u>自任之。

十月，王师致书<u>可法</u>，以"<u>春秋</u>之义，有贼不讨，则故君不得安葬，新君不得即位。今闻有僭号<u>江南</u>者，弃恩忘仇，将谓<u>长江</u>天堑，北军不能飞渡耶？夫以<u>中华</u>全力，受制潢池，而欲以<u>江左</u>一隅，抗衡大国，胜负之数，不待蓍龟矣。诸君子果识时知命，厚爱贤王，宜劝令削号归藩，永绥福位"。<u>可法</u>答书言："有贼未讨，新君不得即位，乃不忍死其君者之说耳。若夫天下共主，身殉社稷，青宫皇子，惨变非常，而拘牵不即位之说，坐昧大一统之义，中原鼎沸，仓卒出师，将何以维系人心，号召忠义？<u>紫阳纲目</u>踵事<u>春秋</u>，其间如<u>光武</u>、<u>昭烈</u>、<u>晋元</u>、<u>宋高</u>，皆于国仇未报之日，亟正位号，<u>纲目</u>未尝斥为自立。"又言："<u>契丹</u>和<u>宋</u>，多输金帛，<u>回纥</u>助<u>唐</u>，不利土地，况贵国笃念世好，兵以义动。今贼未伏天诛，卷土<u>西秦</u>，方图报复，此不独本朝不共戴天之仇，亦贵国除恶未尽之虑。伏祈合师进讨，问罪秦中。至于牛耳之盟，本朝使臣久已盈道。"

十一月，我兵入宿迁，可法令刘肇基、李栖凤御之。未几，大兵围邳州，肇基援之，相持半月而解。

十三日，杰至徐州，遗书大军，约同灭闯贼。大军回言："同灭闯贼，其事不合与予言。"且劝其弃暗投明，择主而事。我副将唐起龙父唐虞时亦致书于杰，劝之早降，有"大王小侯，世世茅土"之语。杰并不从，乃沿河筑墙，专力备御。又具疏请以重兵驻归、洛，联络河南总兵许定国，以奠中原。且以银币贻定国，与结好。时闻我豫王将由孟县过河，河南抚镇接踵告警。杰遗书泽清，言"彼军若一越渡，则长江迤北尽为战场，时事至此，令人应接不暇"。泽清以闻，马士英疏称"清兵虽屯河北，然贼势尚张，不无后虑，岂遂投鞭问渡乎？况强弱何常，赤壁三万，淝水八千，惟在诸将刻厉之而已"。时陈洪范奉使燕都还，亦言"清兵万分紧急"。士英恶之，曰："有四镇在，何虑！"大兵至夏镇，别由济宁南下，一从雒阳攻海州，围邓州。可法、杰、泽清各具疏告急，不应。十二月，大兵下邳、宿，可法飞章报闻，不应。

乙酉正月，杰抵归德，约定国同事。时定国驻睢，有言其送子渡河者。杰遣人邀定国，不至。杰因邀巡抚越其杰、巡按陈潜夫同赴睢，定国郊迎。其杰讽杰勿入城，勿听。十三日，杰兵已尽发开封戍守，且邀定国去睢。是夜，定国享杰，杰醉，微言及送子事，定国大疑。杰既卧，传炮大呼，众拥杰至定国所，杀之。其杰、潜夫遁。明日，杰部回睢攻城，老弱无（子）〔孑〕遗。定国来降于王师。杰为人淫毒，扬民闻其死，皆相贺。然是行也，进取之志甚锐，故时有惜之者。可法闻杰死，急如徐州，为请恤于朝。王赠杰太子太保，许其子元爵世袭，再荫一子锦衣百户，而以杰部李本身为左都督，领杰兵，提督本镇，赴归德。本身，杰甥也，故使之，后亦来降于王师。得功闻杰死，引兵袭扬州，将尽杀其妻子以复焉。可法急遣同知曲从直解之，乃去。可法寻归扬州。

三月，大兵入仪封，破归、睢，进逼江北，直下徐、颍。

四月，左良玉以清君侧为辞，提兵下九江，急调得功、良佐御之。泽清亦托名勤王，大掠而东。可法连疏告警，王曰：“上游急则赴上游，北兵急则赴北兵，自是长策。”可法曰：“上游不过欲除君侧之奸，原不敢与君父为难。若北兵一至，宗社可虞，不审辅臣何意朦蔽若此？”又移书士英，士英惟以左兵为虑，不应。刘洪起亦奏称：“清兵直下，恐为南京忧。”总督王永吉亦言：“徐镇势不能存，何以保江北？”俱不应。大兵渡淮，人情鼎沸。

十九日，召对群臣，大理卿姚思孝、尚宝卿李之椿等合词请备淮扬。工科给事中吴希哲亦言“淮扬亟应备御”。王谓士英：“良玉虽不该逼南京，然看他本上原不曾反，如今还该守淮扬。”士英厉声曰：“此皆良玉死党为游说，不可听。宁可君臣同死于清，不可死于左良玉手，有异议者斩!"王嘿然。

二十日，大兵屯斑竹园，总兵李栖凤、监军副使高岐凤欲劫可法出降，可法叱之，二人遂拔营来归。

二十四日，大兵薄城下。时诸将惟肇基自白洋河以兵四千至，请乘清兵未集，背城一战，可法不可而止。可法血疏告急，不报。刘泽清通款我朝，我朝恶其反覆，磔诛之。

二十五日，大兵攻城，炮发，城墙敌楼顷刻崩陷。城破，可法自刎不死，参将某拥之出小东门，遂被执。谕降不从，杀之。肇基率所部巷战，一军尽殁。副将乙邦才、马应魁、庄子固、楼挺、江云龙、李豫，副旗鼓参将陶国祚，内左营参将许谨，内右营参将冯国用，前营参将陈光玉、李隆、徐纯仁，游击李大忠、孙闻忠，都司姚怀龙、解学曾等，皆力战死。兵部职方主事何刚入城甫一日，而城破，投井死。原任兵部尚书张伯鲸被数创死，妻杨氏、子妇郝氏从之。时得功破左兵于铜陵，收军屯芜湖。

五月八日，大兵抵江浒，京口水师总兵郑鸿逵、郑彩及佥事杨文骢等督兵守江。我军用大炮击江南军，每炮发，江水涌激高数丈。二郑帅先遁，文骢亦逃。八日昧爽，烟雾蔽江，乃缚刍置木筏上，顺流下，以绐京口兵，而大军潜从龙潭、竹峭渡。

十日，士英犹有长江天堑之对。十一日，大兵薄都城，士英奉王母妃率先遁，城中无一卒御敌者。王荒宴至夜半，乃奔芜湖。都城破，勋臣自赵之龙、汤国祚，文臣自王铎、钱谦益以下，文武数百员，军士二十三万，俱迎降。吏部尚书张捷、刑部尚书高倬死之。庶僚同死者，则有杨维垣、黄端伯、刘成治，杂流诸生殉难者，则有陈於偕、吴可箕、黄金玺、陈士达。六合则有诸生马纯仁抱石投水死。如皋则有布衣许德溥刺字于胸，曰"不愧本朝"，又刺字于臂，曰"生为明人，死为明鬼"，遂被逮杀之。邳州则有监生王台辅自缢死。王至得功军，得功惊泣曰："王死守都城，各镇尚可合兵以图兴复，奈何听奸臣言先出乎？"

大兵追王，十五日及于芜湖，得功战于荻港。时良佐已降于我，即阵上招得功，得功叱之。降将张天禄从良佐后射得功，中喉偏左。得功知不可为，掷刀，拾所拔箭刺喉以死。其妻闻之，亦自经也。总兵翁之琪投江死，中军田雄挟王出降。

两　案

顺治二年乙酉二月，鸿胪寺少卿高梦箕密奏，先帝人子在浙。初，甲申之变，太监栗宗周、王之俊以太子、二王献于李贼，贼幽之刘宗敏所，至是南来。左良玉疏称，吴三桂实有明验，今不可考。

三月初一日，命太监李继周往浙召至，寓僧寺，令内员迎入宫，内员报不实。寻命移寓锦衣卫都督冯可宗家，传文武官识认。大学士王铎指原任讲官方拱乾问曰："此何人？"对曰："方先生。"而讲官刘正宗趋上，不识也。又问："先帝亲鞫吴昌时，时东宫立何地？"不能对。于是给事中戴英直诘其伪，授以纸笔，供称："高阳人王之明，系驸马都尉王昺侄孙，家破南奔，遇高梦箕家人穆虎，教以诈冒东宫。"王铎等回奏，遂敕法司根究。御史陈以瑞奏："愚民观听易惑，将谓诸臣有意倾先帝血嗣，请勿加刑。"时有内员上密疏于王，王令持示士英。士英言："细阅密疏，其言虽似，疑处实多。既为东宫，幸脱虎口，不即到官说明，却走绍兴，可疑一也。东宫厚质凝重，此人机辨百出，可疑二也。公主现养周奎家，而云已死，可疑三也。臣愚宜付法司穷究主使，与臣民共见而弃之。"

越三日，鞫于午门外，梦箕、穆虎皆具服，下刑狱。士英欲并倾姜、黄，令法司究主使附逆者。宁南侯左良玉具疏言："东宫之来，吴三桂实有明验。朝廷诸臣但知逢君，不顾大体。前者李贼逆乱，尚锡王封，何至一家视同仇敌？明知穷究必无别情，必欲展转诛求，遂使陛下忘屋（鸟）〔乌〕之德，臣下绝委裘之义，亲亲而仁民，愿陛下省之。"靖南侯黄得功言："东宫之来，何人定为奸伪？先帝之子，即陛下之子，未有不明不白付之刑狱，人臣之义谓何？在廷诸臣，谄徇者多，抗颜者少，即使明白识认，谁敢出头取祸乎？"广昌伯刘良佐言："王之明、童氏两案，未协舆论，恳求曲全两朝彝伦，毋贻天下后世口实。"湖抚何腾蛟言："太子到南，何人奏闻？何人物色取召至京？马士英何以独知其伪？既是王昺侄孙，何人举发？内官、公侯多北来之人，何无一人确认，而泛云自供？高梦箕前后两疏，何不发抄？此事关天下万世是非，何可不慎。"江督袁继咸言："太子移气移体，必非外间儿童所能假袭。王眷原系巨族，高阳未闻屠害，岂无父兄群从，何以只身流转到南？望陛下勿信偏辞，使一人免向隅之泣，则宇宙享荡平之福矣。"各疏上，王惟以王之明自供甚明，将审明节略谕之而已。

四月，左良玉称奉太子密旨，举兵南下，至九江。江督袁继咸请赦太子以止之，王切责，不听。

五月十一日，王师薄南都，王奔，南都士民出太子于狱，奉之监国。十四日，同赵之龙出降，北去。

顺治二年乙酉三月十三日，福王故妃童氏自越其杰所至，命付锦衣卫监候。氏故周府宫人，洛阳破，氏逃至尉氏县，与王遇于旅邸，相依生一子。王之南也，妃与太妃各散不相顾。已，迎太妃于河南，陈潜夫奏妃故在，王勿召。至是，自其杰所至，王益不悦。刘良佐言，童氏必非假冒，马士英亦言："苟非至情所关，谁敢与陛下为敌体？"王终不应，命冯可宗鞫之。氏细书入宫年月，及相离情事甚悉，求可宗呈览。王弃勿视。可宗亦辞勿审，改命屈尚忠严刑拷掠，氏号呼诅骂，寻死狱中。

马阮之奸

顺治元年甲申五月，福王僭立于江南，进马士英东阁大学士，仍督师凤阳。士英大怒，阴令刘泽清、高杰疏趋史可法督师淮扬。可法出，士英遂入阁，兼掌兵部事。

八月，中旨传升张有誉为户部尚书。时欲起用阮大铖，故先以清望传升有誉。

吏部尚书张慎言罢。士英虑慎言秉铨，大铖终不能起，乃令刘孔昭、汤国祚、赵之龙等攻去之。

马士英奏荐逆案阮大铖以知兵，赐冠带陛见。初，大铖被斥，居江宁，与士英及守备太监韩赞周深相结。福王僭立，赞周屡称大铖才，王固已心识之。及士英以边才荐，遂命陛见。高弘图请下九卿会议，士英曰："会议则大铖必不得用。"弘图曰："臣非阻大铖，旧制，京堂必会议。"姜曰广亦如弘图言。士英遂言："魏忠贤之逆，非闯贼可比。弘图、曰广于己所爱者，即曰先帝无成心；于己所恶者，即曰成案不可翻，欺罔莫甚于是。"于是刘宗周言："祖宗故事，九列大僚必用廷推。"郭维经言："案成先帝之手，今将此案抹杀，起用大铖，赫赫英灵，恐有余恫。"罗万象言："辅臣荐用大铖，或以愧世无知兵者，然大铖实未知兵。"詹兆恒言："先帝异变，百姓莫不洒血捶胸。近闻燕齐之间，士绅皆白衣冠，聚兵以图复仇。一旦忽翻前案，召用大铖，岂不上伤在天之灵，下短忠义之气？"吕大器、熊汝霖、万元吉、陈良弼、王孙蕃、左光先、尹民兴等各疏力争。于是士英为大铖奏辨，力攻曰广、大器等。月余，遂以中旨授兵部添注右侍郎。

湖广巡按御史黄澍入贺，面纠士英奸贪不法，且言尝受献贼伪兵部尚书周文江贿，罪当斩。承天守备太监何志孔复前助澍。士英跪乞处分，澍直前举笏击其背。士英佯称疾，而阴赂内阉田成、张执中等，言："王非士英不得立，今逐之，是背旧恩也。且士英在阁，主上可以优闲；士英若去，谁复有念主上者？"王遂谕留士英。澍连上十疏，称自古未有奸臣在朝，而将帅能立功于外者。又言："自魏珰窃窥神器以来，实酿今祸。附逆之人与荐逆之人，皆有贼心，乞悬诸日月，以除魑魅。"王不听，谕澍还楚。

十月，以逆案杨维垣为通政使。

镇国中尉、候考吏部朱统□疏纠姜曰广，词连史可法、吕大器等。礼科给事中袁彭年疏言："中尉有奏请，先启亲王参详可否，然后给批赍奏。若候考吏部，则与外吏等，应从通政司封进。今何径何窦，直达御前？宜加禁戢。"通政使刘士桢言："曰广劲骨戆性，守正不阿，居乡立朝，皆有公论。统□何人？不由职司，飞章越奏，此真奸险之尤，岂可容于圣世！"皆不听。先是，吕大器诘奏士英卖官鬻爵，败法乱纪诸罪，而曰广事事与士英为忤，故士英授意诘之。大器予告去，曰广降调，而换授统□为行人。

内批予封疆失事太监孙呈琇原官，章正宸疏争，不听。

御史祁彪佳论诏狱、廷杖、缉事三大弊，票拟革禁发改。高弘图言："票拟发改，不审内廷何人主持，使正论不容若此。"王切责弘图，寻予告去。

内传以张捷为吏部尚书。

例转科道陆朗为佥事，黄耳鼎为副使，内批留用。

加翼戴恩，进士英太子太师、荫锦衣卫指挥佥事。九月，叙江北功，加少傅，兼太子太师、建极殿大学士。十二月，以南临恩，进少师。明年二月，叙殿工恩，进太保。

罢浙江巡抚黄鸣俊，降调浙江巡按任天成，以许都余党复叛故也。并议前任巡按左光先罪。光先系光斗弟，与大铖世仇，又首劾士英、大铖，故借事陷之。苏松巡抚祁彪佳言："许都之变，实发于东阳，义乌、浦江皆无坚城。光先事竣出境，闻变复还，调兵措饷，宵夜经营。变起不一月，元凶授首。既不录其功，岂可反以激变罪之乎？"于是士英、大铖并恨彪佳，遂嗾御史张孙振论其奸贪，罢之。

起越其杰巡抚东莱。其杰以贪遣戍，以士英妹婿起用。

召降献贼刘侨至京补原官。侨以玉杯古玩进张献忠，即用为锦衣都督。左良玉恢蕲、黄，侨削发逃去。士英纳侨贿，遂复原官。

士英请免府州县童生应试，分上中下户纳银若干，即赴院试。又行纳贡助工等例。于是民间有"扫尽江南金，填塞马家口"之谣。

布衣何光显上疏请诛士英。诏戮于市，籍其家。

以楚宗朱盛浓为池州府推官。盛浓疏劾御史黄澍毁制辱宗，贪赃激变，故士英擢之，立命逮澍。江督袁继咸代为申理，乃止。澍匿左良玉军中，良玉由是有隙。

二年乙酉二月，以阮大铖为兵部尚书，赐蟒服。大铖虽长兵部，专职江防，军事一切不问。引所善蔡琛、唐世济、张孙振、袁宏勋等，布列要路，挠六部权。任刘应宾文选，浊乱铨政。擢私人林有本、王锡衮等二十余人为给事御史。江督袁继咸荐邓林奇为总兵，大铖索贿既足，始给敕印。白丁隶役贿至，立跻大帅，时有"职方贱如狗，都督满街走"之谣。

赐中书舍人林翘一品武衔。翘善星术，决士英必大用。士英荐授中书舍人，寻躐一品武衔，蟒服趋事。

以被勘杭州府推官黄端伯为礼部主事。端伯入京，称姜曰广逆谋有状，故有是擢。

以杨维垣为左副都御史。大铖得志，专务报复，与维垣谋，尽杀东林、复社诸人。时有狂僧大慧，出语不类，为总督京营戎政赵之龙所获，下诏狱。大铖因与维垣及张孙振谋，令引诸人拥潞王，则一网可尽。因造十八罗汉、五十三参之目，海内人望无不备列，纳之大慧袖中。大狱将兴，会上游告急而止。

仓场尚书贺世寿、佥都御史郭维经告病去，大铖密遣人劫之江中。

杀礼部主事周镳、原任武惠道雷□祚。镳，钟从兄，以附东林，而□祚与大铖有隙，因于从逆案内奏二人宜连坐，遂杀之。

四月初一日，命各衙门印文尽去"南京"二字。礼部管绍宁印被窃，谋于士英，因请于王，各衙门俱改铸另给。

初四日，宁南侯左良玉举兵东下，驰疏云："窃见逆贼马士英出自苗种，性本凶顽。臣身在行间，无日不闻其罪状，无人不恨其奸邪。先帝皇太子至京，道路汹传，陛下屡发矜慈，士英以真为假，必欲置之于死而后快。臣前两疏，望陛下从容审处，犹冀士英夜气稍存，亦当剔肠悔过，以存先帝一线。不意奸谋日甚一日，臣自此不与奸贼共天日矣。臣已提师在途，将士裂目指发，人人思食其肉。臣恐百万之众，发而难收，震惊宫阙，且声其罪状，正告陛下，仰祈刚断，与天下共弃之。自先帝之变，人人号泣，<u>士英</u>利灾擅权，事事与先帝为难。钦案先帝手定者，<u>士英</u>首翻之；<u>要典</u>先帝手焚者，<u>士英</u>修复之。思宗改谥，明示先帝不足思，以绝天下报仇雪耻之心，罪不容于死者一也。国家提衡文武，全恃名器鼓舞人心。自贼臣窃柄以来，卖官鬻爵，殆无虚日，都门有'职方贱如狗，都督满街走'之谣。如<u>越其杰</u>以贪罪遣戍，不一年而立升巡抚；<u>张孙振</u>以赃污绞犯，不数月而夤缘仆少；<u>袁洪勋</u>与<u>张道濬</u>皆诏狱论罪者也，借起废竟复原官；如<u>杨文骢</u>、<u>刘泌</u>、<u>王燧</u>、<u>黄鼎</u>、<u>赵书办</u>等，或行同犬彘，或罪等叛逆，皆用之于当路。凡此之类，直以千计，罪不容于死者二也。阁臣司票拟，政事归六部，至于兵柄，尤不得兼握。<u>士英</u>已为首辅，犹复掌枢，是弁髦<u>太祖</u>法度。且又引其腹心<u>阮大铖</u>为添注尚书，以济其篡逆之谋。两子枭獍，各操重兵以为呼应，<u>司马昭</u>复见于今日，罪不容于死者三也。陛下选立中宫，典礼攸关，<u>士英</u>居为奇货，先择其尤者，以充下陈，罪通于天。而又私买歌女，寄养<u>阮大铖</u>家，希图进选，计乱中宫，阴谋叵测，罪不容于死者四也。陛下即位之初，恭俭神明，<u>士英</u>百计诓惑，进优童艳女，损伤盛德，每对人言，恶则归君，罪不容于死者五也。国家遭此大难，须宽仁慈爱，以收人心。<u>士英</u>自引用<u>阮大铖</u>以来，睚眦杀人，如<u>雷□祚</u>、周镳等，煅炼周内，株连蔓引。尤其甚者，借题三案，深埋陷阱，将生平不快意之人，一网打尽，令天下士民重足解体，罪不容于死者六也。九重秘密，岂臣子所敢言。士英遍布私人，凡陛下一言一动，无不窥视。又募死士，窜伏皇城，诡名禁军，以观陛下动静，曰废立由我，罪不容于死者七也。率土碎心痛号者，先帝殉难，皇子犹存，前此定王之事，海内至今传疑未已，况今皇太子授受分明，臣前疏已悉。士英乃与阮大铖一手握定，不畏天道神明，不畏二祖列宗，不畏天下公议，不畏万古纲常，忍以先帝已立七年之嗣君，为四海讴歌讼狱所归者，付之幽囚，天昏地惨，神人共愤。凡有血气，皆欲寸磔士英、大铖等，以谢先帝。此非臣之私言，诸将士之言也。非独臣标将士之言，天下忠臣义士愚夫愚妇之公言也。伏乞陛下立将士英等肆诸市朝，传首四方，用抒公愤。臣等束兵计刻以待，不禁大声疾呼，激切以闻。"士英大惧，专理部事，不入直。左兵由九江、安庆至建德，顺流而下。士英遣朱大典、阮大铖、黄得功、刘孔昭等御之，而撤刘良佐等以从。时大兵已过山东，徇徐州，下亳、泗，史可法血疏告急。大理少卿姚思孝，御史乔可聘、成友谦等皆言良玉非叛，请无撤江北兵。十九日，王谕士英："左良玉虽不该兴兵逼南京，然看他本上原不曾反叛，如今还该守淮扬，不可撤防江兵。"士英厉声指诸臣言："此皆良玉死党为游说，其言不可听。宁可君臣同死于（事）清，不可死于左良玉手，有异议者斩！"王嘿然。未几，良玉死，左梦庚败于采石。

论功，晋〔大铖〕太子太保。

五月，王师渡江，围江宁，王奔芜湖。士英以黔兵与大铖奉太妃走浙江。兵至广德州，知州赵景和言："彼不奉王而奉太后，诈也。"闭门坚守。士英攻破之，杀景和。至绍兴，绍人犹未知王存亡。原任九江佥事王思任因上疏言："战斗之气，必发于忠愤之心；忠愤之心，必发于廉耻之念。事至今日，人人无耻，在在不愤矣。所以然者，南都定位以来，从不曾真真实实讲求报雪也。主上宽仁有余，刚断不足，心惑奸相马士英爱立之功，将天下大计尽行交付。而士英公窃太阿，肆无忌惮，窥上之微而有以中之。上嗜饮则进醹醑，上悦色则献妖淫，上喜音则进优鲍，上好玩则奉古董，以为君逸臣劳。而以疆场担子一肩卸与史可法，又心忌其成功，而决不照应之。每一出朝，招集无赖，卖官鬻爵，攫尽金钱，四方狐狗辈愿出其门下者，得一望见，费至百金；得一登簿，费至千金。以至文选、职方，乘机打劫；巡抚、总督，见兑即题，其余编头、修脚服锦横行者，不在话下矣。所以然者，士英独掌朝纲，手握枢柄，知利而不知害，知存而不知亡，朝廷笃信之，以至于此也。兹事急矣，政本阁臣可以走乎？兵部尚书可以逃乎？不战不守，而身拥重兵，口称护太后之驾，则圣驾独不当护耶？一味欺蒙，满口谎说，英雄所以解体，豪杰所以灰心也。及今犹可呼号泣召之际，太后宜速趋上照临出政，断酒绝色，卧薪尝胆，立斩士英之头，传示各省，以为误国欺君之戒。仍下哀痛罪己之诏，以昭悔悟，则四方之人心犹可复鼓。"又上书士英言："阁下政本自由，兵权独握，只知酒色逢君，门墙固党，从不讲战守之备，以致乘舆播迁。谋国至此，即喙长三尺，何以自解？以愚上计，莫若明水一盂，自刎以谢天下。若仍逍遥湖上，潦倒烟霞，效贾似道之故辙，千古笑齿已经冷绝。再不然如伯嚭渡江，则我越乃报仇雪耻之邦，非藏垢纳污之地，职当先赴胥涛，乞素车白马以拒阁下。"至杭州，熊汝霖责士英当从王，士英无以应。杭州破，士英走钱塘。王师追蹑之，斩其五百级。

鲁王监国绍兴，张国维首参士英误国十大罪。士英惧，不敢入朝，而依方国安于严州。时大铖投朱大典于金华，士民檄逐之，乃亦送于国安军。未几，王师复败士英兵于余姚，国安兵于富阳。已，士英率众渡江，窥杭州，复大败。

三年丙戌六月，王师渡钱塘江，士英、国安计劫鲁王来献，士脱去。阮大铖同谢三宾、宋之晋、苏壮等来降。

唐王僭立于福州，士英拥兵求入关。王以其罪大，不许。

八月，王师讨湖贼吴易，并获士英，诏俱斩之。而野史则云士英遁至台州，来降于王师。已，大兵执唐王于顺昌，搜龙扛，得士英、大铖及方国安父子、方逢年请驾出关为内应疏，在已降后。大铖方游山，自投崖死，仍戮尸，斩士英等四人于延平城下，妻子给赐兵丁。

三藩纪事本末卷二

王师平南浙

　　顺治二年乙酉五月二十日，王师抵镇江，知府某、推官某、丹徒令某俱死之，巡抚霍达遁。徇常州、苏州，下之。苏州在籍谕德徐汧、举人杨廷枢携一女，俱赴水死。而野史则云廷枢留发遁居芝坞，至丁亥始被执，书血衣以遗其孤，有"惜时命之不犹，未登朝而食禄。值中原之多难，遂蒙祸以捐生。其年则丁亥之岁，其日为孟夏之终。方隐遁夫山坞，忽罹陷于罗网。虽云突如其来，亦已知之久矣。生平所学，至此方为快然。千古为昭，到底终为不没。但因报国无能，怀忠未展，是人臣未竟之志，辜累朝所授之恩"等语。复赋绝命诗十二章。已，见土、巴二帅，不顺命。十二月，斩于松陵之泗州桥上。太仓既下，诸生王湛与兄淳复举兵围城。兵败，淳赴水死，湛没于阵。

六月，我贝勒留兵二千驻吴閶，大军悉趋杭州，掠嘉兴而过。时潞王常淓在杭，抚按请命，奉书迎降。钱塘知县顾咸建、临安知县唐自綵俱被执，不顺命，死。而嘉兴士绅屠象美等复集兵据城守。大兵还攻，半月而破，在籍吏部尚书徐石麒死焉。

闰六月八日，我兵入吴淞。时吴淞副总兵吴志葵煽惑作乱，王师侦知，遂令偏将率兵二千入据之。

七月初四日，屠嘉定县。在籍通政使侯峒曾死之。峒曾集众守城，大兵攻之不能下，大雨城坏，遂入之。峒曾先驱二子元演、元洁沉后河，乃赴水死。邑人进士黄淳耀与弟渊耀对缢于城西僧舍。举人张锡眉自经死，妾何抱女赴水死。秀水教谕董用圆与兄用广赴水死。诸生马元调、唐全昌、夏云蛟俱死之，全昌妻亦从死。

七月初七日，屠昆山。昆丞阎茂才遣使迎降。昆民杀茂才，推原任狼山副总兵王佐才为主，贡生朱集璜及周室瑜、陶琰、陈大任等共起兵据城，参将陈弘勋、原任知县杨永言助之。大兵至，诡称神武新诏至，城门启，兵遂入。永言通，佐才被执杀，集璜同门人孙道民、张谦投河死。室瑜与子朝钁同死。室瑜妻诸被执，不辱死。朝钁妻王自缢死。琰自缢死。大任与妻张、子思翰皆死之。时以守御死者，苏达道、庄万程、陆世铿、陆云将、归之甲、周复培、陆彦冲。代父死者，沈徽宪、朱国轼。救母死者徐洺，自尽者徐澂、王在中、吴行贞。

八月初三日，屠松江府。兵部职方主事章简、行人李待问死之。先是，在籍两广总督沈犹龙与义兵头目蔡乔据城守。初三日，大兵下青浦，谍至，犹龙犹未信。日西晡，我兵诡称黄蜚解奸细至，门启，遂入。时城中已伏内应，兵乍入，城上悉改张大清旗帜。简、待问俱被执，不顺命，死。犹龙出奔，蔡乔遁入海。华亭教谕眭明永投缳死，御史夏允彝、诸生戴弘赴水死。徐念祖与妻张、妾、子女七人，阖门自缢死。允彝兄之旭、子完淳，后涉吴兆胜之难，之旭自缢，完淳被杀。先是，黄蜚兵多以青白布缠其首，大兵效之，潜于城中。至是去布，悉辫发者。初六日，袭破黄蜚、吴志葵水师。蜚投水死，志葵乞降，不许，杀之。参志葵军事嘉兴举人傅凝之投水死。

二十日，破金山卫，守将指挥使侯成祖及子士禄死之。松城破，总镇李成栋以书招承祖，不应，厉志坚守，即妻子亦不令出城避难。二十日，大兵薄城，城上矢石雨下，兵不得乘。大兵以竹梯援城上，守城兵士用防牌蔽矢，随登随斫。既而西北备稍弛，乃以小舟垒城下，蚁附而登，城遂破。承祖及二子俱被执，长子士禄大骂，不顺命，丛射死。成栋欲降承祖，承祖不从，戮之。成栋称承祖为江南第一忠臣，特宥其少子，令殓父尸归葬。

破江阴，屠之。先是，六月中，诸生许用倡城守，应者数万人，以陈明遇主兵，徽人邵康公为将，前都司周瑞龙泊江口，相犄角。战不利，乃请故典史阎应元入城主兵事。王师围攻，坚守不下。八月二十一日，从祥符寺后城入，乃下。用、明遇举家自焚死。应元赴水，曳出斩之。

训导冯厚敦冠带自缢于明伦堂，娣与妻王赴井死。中书舍人戚勋、举人夏维新、诸生王华、吕九韶皆死之。城中死者数万人。时有贡生黄毓祺者，与徐趋起兵（竹）〔行〕塘，以应城内。城陷，两人俱逸去。明年冬，侦江阴无备，率壮士十四人袭之，不克。趋被执，论死。毓祺又逸去，获于江宁，临刑，命取袭衣自敛，跌坐而逝。

十一月十三日，破崇明。先是，九月中，成栋督兵渡海攻崇明，不克，引还，至是入之。

初，我兵之下杭州也，王师散遣官吏，招抚浙东郡县。其先后失事死者，杭州在籍同知王道焜投缳死，山阴在籍苏松巡抚祁彪佳赴池水死，在籍左都御史（郑）〔刘〕宗周不食死，行人陆培自缢死，海宁举人祝渊投缳死。会稽诸生王毓蓍先遗宗周书云："愿先生早自决，无为王炎午所吊。"随自投柳桥河死。儒士潘集袖石自沉死。周卜年赴海死，明晨，海涛涌尸上，冠履不失。山阴朱瑞投江死。原任大学士高弘图流寓绍兴城外，不食死。而二年乙酉闰六月，起兵江北、徽州者，则有左金都御史金声。声闻南都陷，集义于徽之绩溪，分兵扼六岭。在籍山东巡抚宁国丘祖德、职方郎中泾县尹民兴、徽州推官温璜、贵池副榜吴应箕等多应之。唐王授声以金都兼兵侍，总督诸道军，拔旌德、宁国诸县。九月，御史黄澍完发来归，声信之，遂为内应。城破，声与门人江天一同就执，行至某所，天一笑谓声曰："一泓清绝，洵足怡人意。"欲声同尽此也。声曰："丈夫死则死耳，当与天下共见之。"至江宁，内院洪承畴谕降，天一朗诵怀宗御祭承畴文以诮之，遂被戮，声亦随见杀，时丙戌三月十五日也。应箕亦被获，见杀。祖德退还山中，大兵攻拔其寨，磔死。诸生麻三衡、沈寿荛、吴太平、阮恒、阮善长、刘鼎甲、胡天球、冯百家及祖德子某，俱死之。璜犹严兵守郡城，城绅黄澍以城献。璜先杀长女，语妻茅同难。茅匿其幼子，遂整衣卧。璜以刀截其喉，少顷，茅呼曰："未也。"再刃，乃绝。璜自刎不殊，绝粒五日，以手抉其创乃死。祖德之死也，有徐淮者，与吴汉超收其溃军，连破句容、溧水、高邮、溧阳、泾、太平诸县。三年丙戌正月，袭宁国，兵败，汉超入见曰："首事者我也。"剖其腹，胆长三寸。妻戚投楼下死。同时举兵先后被难者，有青阳知县庞昌胤、溧阳诸生谢球、盐城诸生司石磐、都司鄷某之属。

王师平闽

顺治二年乙酉五月，我朝使内院洪承畴招抚江南，御史黄熙胤招抚福建。熙胤，晋江人，与郑芝龙同里。芝龙密遣使通款我朝，唐王每遣芝龙出兵，芝龙每以饷缺为辞。

三年丙戌六月，王师平浙东，芝龙闻渡江信，遂撤守关兵。王师至仙霞岭，关门无一守兵，无一敌兵，寂如也。迟回数日，从容过岭。然我兵入闽，或由建，或由汀，或由福宁，俱走山谷间，不必仙霞也。

八月，大兵入建宁，至浦城，科臣黄大鹏、上游四郡巡抚郑为虹死之，为虹仆陈龙从焉。原任浦城千户张万明及子都司张翘鸾、都督洪祖烈俱死之。为虹故浦城知县，王闻其贤，召为御史，士民相率乞留，乃令以御史巡视仙霞关，寻擢巡抚。大兵至，为虹呕还浦城，纵士民出走，遂与大鹏同被执以死。

初，王之在福州也，知芝龙不可恃，而楚抚何腾蛟、江右杨廷麟咸有疏迎，芝龙还安平，王遂赴赣。八月二十一日启行，从延平趋汀州。王师尾之，破延平，知府王士和死之。士和，崇祯时举人，王擢之守延平，警报叠至，士和曰："我以书生，不一月忝二千石，安敢偷生！"遂投缳死。礼部尚书曹学佺、通政使马思理自缢死。御营总兵胡上琛护王至（江）〔汀〕，王被执，上琛奔还福州，拜辞祖庙，与妾刘同饮药死。给事中熊纬扈行至汀，死于兵。其后闻王被难而死者，太仆寺少卿王瑞栴自缢死，御史艾南英缢于僧舍。我贝勒驻福州，别遣李成栋、韩固山徇各州郡。

九月八日，入泉州，大学士蒋德璟绝食死。十五日下汀州，十九日下漳州，闽地悉平。惟芝龙屯安平，以前通款之信未回，犹豫未敢迎师。又自以先撤关兵，无一矢相遗，有大功，而两广素属部下，若招以自效，两广总督可得。贝勒令泉绅郭必昌招之，芝龙恐以立藩为罪。会韩固山兵逼安东，芝龙怒，贝勒乃切责固山，令移军而贻书芝龙曰："我所以重将军者，以能立唐藩也。人臣事君，必竭其力，力尽不胜天，则投明而事，建不世之功，此豪杰事也。今两粤未平，铸闽粤总督印以相待。"芝龙得书，大悦。子弟皆力谏，<u>芝龙</u>不从，进降表于<u>泉州</u>。十一月，<u>芝龙</u>至<u>福州</u>，见贝勒，握手甚欢，痛饮三日夜，遂挟<u>芝龙</u>北去。<u>芝龙</u>子<u>成功</u>入于海。

初，<u>唐王</u>之立也，以<u>黄道周</u>为武英殿大学士，与<u>芝龙</u>不协。<u>道周</u>见<u>芝龙</u>无出师意，愤激，请督师出<u>江西</u>。乙酉七月，赍一月粮，从<u>广信</u>抵<u>衢州</u>，募兵得九千人。十一月，进至<u>婺源</u>，遇王师，战败被获。夫人<u>蔡氏</u>闻之，急贻书<u>道周</u>，言忠臣有国无家，勿以内顾为念。丙戌三月，至<u>江宁</u>，<u>洪承畴</u>遣人谕降，<u>道周</u>不从命，乃斩之。与<u>道周</u>同事者，职方主事<u>赵士超</u>、通判<u>毛玉洁</u>、<u>蔡春溶</u>、<u>毛继谨</u>俱死之。<u>士超</u>死尤烈。<u>道周</u>既死，门人<u>陆自岩</u>匿其元，并全身瘗之。越数年，夫人<u>蔡氏</u>令长子<u>霓</u>迎丧东归，葬于赠公之侧，<u>士超</u>等四人葬于<u>道周</u>之侧。

金王收江西

<u>顺治</u>乙酉四月，<u>英王</u>追闯贼至<u>九江</u>，宁南侯<u>左良玉</u>子<u>梦庚</u>率所部三十六营来降。王北旋，携降将俱北，惟后营总兵<u>金声桓</u>请于王，愿收<u>江</u>省自效。王许之，乃命闯部降将<u>王体忠</u>合营屯浔，规进取。

六月，<u>声桓</u>先遣牌招抚<u>江西</u>，巡抚<u>旷昭</u>故选懦，率先遁，士民送款<u>声桓</u>。十九日，<u>声桓</u>入<u>南昌</u>，<u>南康</u>、<u>九江</u>不烦兵而下。而旧抚标将<u>白之裔</u>、<u>邓武泰</u>驻<u>袁</u>、<u>吉</u>，以兵扼峡江，湖东分巡道<u>王养正</u>与布政<u>夏万亨</u>，建昌知府<u>王域</u>，推官<u>刘允浩</u>，<u>南昌</u>推官<u>史夏隆</u>辅<u>益藩</u>起兵<u>建昌</u>。军报旁午，

声桓令前营刘一鹏御峡江，属体忠备抚、建。

七月，体忠率兵下抚州，趋建昌。时有保宁王者，自河南来，好谈兵，益藩倚信之，而私通于体忠。及战，保宁从阵后以火箭伤象兵，遂败。三日，城破，益藩被执杀，详具益藩扰湖东。王养正等五人俱被执，械至南昌，杀之。养正妻张氏绝粒九日死。万亨妻顾氏、子妇陆氏、一孙、一孙女同赴井死。夏隆自南昌来避，与其难者也。诸生邓思铭被执不屈，丛射死。属县皆降。新昌旧知县谭梦开迎降，为县民所杀。知县李翔与监军张家玉、御史徐伯昌共城守。家玉战败，入关。城破，翔与伯昌死之。而一鹏亦破峡江兵，武泰死之。攻袁州，同知署府事李时兴力城守。守将胡缨兵溃，时兴自缢于萍乡官舍。遂收吉安，长驱至万安。万安知县梁於涘死之。

八月二十五日，声桓矫杀体忠，以忠部将王得仁代。而是时益宗永宁王慈炎复举兵克抚、建，屯兵进贤县。既以粮不继，退守抚州。声桓令得仁率兵来争。时吏部文选司主事曾亨应者家临汝，初同益藩起兵，益藩败，复捐赀聚众归永宁。得仁夜率百骑潜至临汝，围亨应宅，执亨应杀之。亨应从叔杞、从弟之璋、之球、之琦、子筠俱死焉。初，亨应举事时，自断爪啮血，裹而瘗之。子筠亦时语人曰："我一门已登鬼篆。"父子立志徇国如此。永宁守抚州，粮不继，乃退保建昌。得仁追及，被获，死焉。

三月，破宁州，监军许文龙死之。文龙起兵宁州，声桓遣人招之，不从，率兵逐我所置官吏，屯兵奉乡。声桓乘间破宁州，遂攻奉乡，围守三月，粮尽，乃走保界首砦，食复尽，被擒，死之。

是月也，吉安复失，职方主事郭锟死之。先是，乙酉九月，刘同升结忠诚社于赣州，与李永茂恢复吉安。丙戌春，王师来争，副将刘必达战败，赴水死。会广东援兵至，大兵退驻峡江，至是克之。

四月，破广信，巡抚周定仍、副使胡奇伟、兵部侍郎詹兆恒、御史胡梦泰、兵部员外万文英、同知胡甲桂、贵溪举人毕贞士俱死之。初，黄道周提兵出江西，命詹兆恒以兵侍协守广信。御史胡梦泰拜疏请出湖东，后遂擢右金都，巡抚其地，文英、奇伟俱奉命协守。甲桂以永州同知道梗改授，而梦泰则以郡人奉使旋里者也。得仁破安仁、贵溪，定仍督副总姜天衢战连湖，我兵小却。已，战小箬渡及河口，遂大捷。城破，定仍自缢死。文英赴水死，姜胡从之。奇伟被执，杀于南昌卫前。甲桂自经于幽室。贞士先赴水，家人救之，行至五里桥，望拜祖茔，触桥柱死。梦泰夫妇同缢死。兆恒奔怀玉山，复纠众攻衢之开化，兵败，殁于阵。江西悉平，惟赣州未下。

李成栋平粤东

顺治三年丙戌，大兵既平闽，十二月，我巡抚佟养甲、总兵李成栋由闽趋惠、潮，下之，潜师袭广州。先是，十一月，唐藩弟聿□浮海至广，闽中旧相苏观生、何吾驺与布政使顾元镜、侍郎王道华、曾道唯奉王监国，僭改元绍武，召海上郑、石、马、徐四姓盗为总兵。时永明已自立于肇庆，使给事中彭燿、主事陈嘉谟至广，晓譬伦序、监国先后。观生杀燿于市，嘉谟亦死之，观生遂率兵而西。职方主事陈邦彦自广至肇，见永明王，王以东事为问，邦彦曰："彼强我弱，以战则非计；彼曲我直，以和则非名。北师已迫，观生若惧，当求和于我。如其不然，粤东十郡，我据其七，而使其三代我受敌，不亦可乎？"既而巡抚林佳鼎与广州将陈际泰战于三水，际泰败，既与林察战于海。佳鼎故粤中监司，与察同姓相善，察因使四姓盗伪降，迎佳鼎。佳鼎信之，舟至三山口，乱作，全军俱没，佳鼎赴水死，肇庆大震。而广州（大）〔失〕援。至〔是〕，成栋袭之，用惠、潮符印为文书，给广州报平安，故观生不设备。

十五日，成栋令前军效广军装束，直抵城下。是日，观生方随聿□视学，或报大兵临城，观生犹以为海上盗也，叱而斩之。大兵入东门，观生始仓卒召兵，不能集，城遂破。聿□投缳死，周、益、辽等二十四王皆及于难。祭酒梁朝钟自刎死。太仆卿霍子衡与妾莫氏、子应兰、应荃、应芷、子妇梁氏、徐氏、区氏同赴井死。时有梁鍙者，妄人也，观生每才之，用为吏科给事中。至是，观生走问计，鍙曰："死尔，复何言！"观生入西房，鍙入东房，抗吭气涌有声，观生以为鍙死矣，乃自缢。明日，鍙献观生尸来降。吾驺、应华、元镜等俱来降。

二十三日，成栋别遣兵徇南、韶，而亲下肇庆。二十五日，报至肇庆，王上西峡。

四年丁亥正月，奔梧州，走平乐。成栋入肇庆，别遣副将杨大福、张月徇高、雷、廉三府，而自率兵趋梧州。二十九日，一鼓入之。巡抚曹晔降，王走桂林。时南、韶二府亦报捷，乃别遣副将取琼州。时丁魁楚在岑溪，成栋使杜永和袭而杀之藤江，遂下平乐。高、雷、廉俱报捷。廉州推官张孝起谋兴复，兵败，妻妾俱赴海死。孝起羁军中，后成栋叛，擢孝起巡抚其地。成栋败后，廉州复失，孝起死之。

四月，定琼州。方警报之叠至也，王震恐。适武冈镇刘承胤兵至全州，王遂奔全，而以瞿式耜守桂林。大兵薄桂林，式耜与总兵焦琏力城守。承胤奉王赴武冈，以三千人援桂，乏饷，溃归，桂林垂破。会给事中陈邦彦在高明，闻桂林围急，乃走说甘竹滩盗魁余龙乘虚袭广州。巡抚养甲飞檄召成栋于桂林，扬言顺道径取甘竹。龙闻，急归，而桂围亦解。于是邦彦起兵高明，陈子壮起兵九江邨，霍师连起兵花山，张家玉起兵东莞，粤东大扰。详见杂乱。未几，歼家玉于龙门，戕邦彦、师连于清远，破子壮于高明，粤地复定。

鲁藩据浙东

顺治二年乙酉六月，原任山西佥事郑之尹之子遵谦杀我招抚使于江上，与张国维、方逢年等迎立鲁王以海于台州。在籍大学士朱大典亦上表劝进，即日移驻绍兴。国维、逢年、大典俱拜大学士。封方国安荆国公，守严州；张鹏翼永丰伯，守衢州；遵谦义兴伯；王之仁武宁伯。国维督师江上，子世凤为平卤将军。

七月，复富阳。八月，复於潜。

十月，王师至固安，国维率王国斌、赵天祥御之，战于草桥门。天大风雨，火炮弓矢不得发，急收兵，故不甚败。会唐王自立于闽中，颁诏至，诸求富贵者争欲应之，鲁王下令返台。国维驰疏闽中，言："国当大变，凡为高皇子孙臣庶，所宜同心并力，共图兴复。成功之后，入关者王。且监国当人心涣散之日，鸠集为劳，一旦南拜正朔，鞭长不及，悔莫可追。"疏上，乃止，然浙、闽自是水火矣。自草桥门败后，诸将无敢复言战者。王之仁上疏言："事起日，人人有直取黄龙之志，乃一败后，遂欲以钱塘为鸿沟，天下事尚何忍言！臣愿帅所部沉船一战。今日欲死，犹战而死；他日即死，恐不能战也。"

三年丙戌三月一日，我兵开堰入江，国维、之仁统水师袭战。是日，东南风大起，之仁扬帆奋击，国维遂同诸军渡江，围杭州，不克而还。

四月，我贝勒屯兵北岸，以江涸可试马，用大炮击南营方国安军，厨灶皆碎。国安曰："此天夺我食也！"遂欲投闽。五月二十七日，拔营走绍，劫王南行。二十八日，江上各营闻报，俱溃走。遵谦入海，国维振旅追匪。

六月一日，大军毕渡江。礼部尚书余煌衣冠赴水死。国安决计献监国来降，遣人守监国。会守者病，监国得脱，登海航，命国维遏防四邑，图后举。

二十五日，大兵入义乌。或劝国维入山，国维曰："误天下事者，文山、叠山也！"赴池水死。兵部侍郎陈函辉自经死，礼部侍郎王思任不食死。大理寺少卿陈潜夫、妻孟氏、妾孟氏夫妻姊妹联袂沉河死。兵部主事叶汝蘅、妻王氏同赴水死。兵部主事高岱绝食死，子诸生朗赴水死。通政使吴从鲁不剃发死。郑之尹赴水死。诸暨诸生傅日炯、山阴诸生朱玮赴水死，萧山诸生杨雪门自缢死，鄞县诸生赵景麟赴泮池死，浦江诸生张君正自缢死，瑞安诸生邹钦尧、永嘉诸生邹之琦赴水死。

我兵至金华，朱大典厉兵固守，我兵以红衣大炮破之。大典阖门自焚死，西席武进郑邠亦与其难。张鹏翼守衢州，副将秦应科为我内应。城破，鹏翼及乐安王、楚王、晋平王皆被杀。巡按兼视学政王景亮、知府伍经正、推官邓岩忠皆自缢死。江山则知县方召死焉。余皆望风迎附，两浙悉平。方国安、方逢年剃发来降。八月，诛之延平城下。

王南奔至石浦，定西侯张名振护王航海，至舟山，舟山守将王斌卿不纳。王浮海至厦门，郑芝龙已降于我，乃走南澳。

四年丁亥，王命郑彩、王大振、阮进、张名振等共讨杀斌卿。时闽中旧相张肯堂以私财募兵海上，王贻书肯堂，云将北还舟山，约肯堂共事。

五年戊子，大学士刘中藻恢福宁州，与平夷侯周崔芝相犄角，连复建宁、邵武、兴化三府及漳浦、海澄等二十七县，军声颇振，温、台响应。

六年己丑，王还舟山，以张肯堂为东阁大学士。

八年辛卯，王师破福宁州，中藻败，兵部右侍郎林汝翥、员外郎林垄没于阵，闽中所复州县相继俱失。福安破，大学士刘中藻衣冠坐堂上，为文自祭，服金屑死。兴化破，大学士朱继祚、参政汤芬、给事中林□、知县都廷谏死之。海澄破，知县洪有文死之。永福破，邑人给事中邹正畿、御史林逢经投水死。长乐破，邑人御史王恩及服毒死，妻李氏同难。建宁破，守将王祈自焚死。台州破，督饷知县沈履祥被获，见杀。王师遂逼舟山，王复航海，令肯堂城守。城破，肯堂南向坐，令四妾、一子妇、一女孙先死，乃自经。同死者，兵部尚书李向中、礼部尚书吴钟峦、吏部侍郎朱永祐、安洋将军刘世勋、左都督张名扬、通政使郑遵俭、兵科给事中董志宁、兵部郎中朱养时、户部主事林瑛、江用楫、礼部主事董元、兵部主事朱万年、顾珍、临山卫李开国、工部主事顾宗尧、中书舍人苏兆人、工部所正戴仲明、定西侯参谋顾明楫、诸生林世英、锦衣指挥王朝相、太监刘朝。

王航海之明年，兵部侍郎沈廷扬督舟师北上福山，被获，死之。向中被执，我帅呵之曰："聘不至，捕而至，何也？"向中对曰："向则辞官，今就死尔。"大兵至宁波，钟峦渡海入昌国卫之文庙，抱孔子木主，积薪左庑，自焚死。永祐被执，请为僧，不许，杀之。名扬，名振弟，抱母范自焚。朝相闻城破，护王妃陈氏、贵嫔张氏、义阳王妃杜氏入井，以巨石覆之，自刎其旁。开国之母瑛及明楫之妻皆自尽。

十一年甲午，郑成功奉王居金门。初至，礼待甚恭，既益懈，王积不能平，成功衔之。未几，王将往南澳，成功使人沉之海中。

益藩扰湖东附傅揭

益王名由本，封建昌。两都继没，郡绅劝王举兵，郡仪宾诸生邓思铭言："王身兼臣子，宗社倾危，岂容坐视。"因首建义兵之议，以赡财者助饷，负才者参谋，有勇者出战，王大感动。然年少柔仁，不习武事，乃悉以战守机宜委郡藩永宁王慈炎及罗川王某主之。于是罗川王与东乡艾命新、艾南英谋，因以书约诸绅士，同仇共义，募集刘琦、杨独龙、僧丹竹等三十六人，就南英家歃血誓盟，得义勇七八千人，王、谢二绅各捐赀助饷，兵势稍振。时顺治二年乙酉六月也。

时有保宁王者，自河南来，好谈兵，王倚信之。而保宁私与我将王体忠通，约为内应，王不知也。云南总兵赵印选以象兵赴援南都，不及而反，路出建昌，王留之助战。战初合，保宁从阵后以火箭伤象兵，遂溃，王奔旗塘佛舍。已，归唐王于福州，福州破，被执见杀。

永宁走宁都，遂入粤招萧、阎兵，图兴复。先一日，萧升、阎总梦红日临其门，翌日而永宁至，以为吉征，遂与同事。提兵出湖东，复建昌，乘胜拔抚州及进贤县。先是，永宁之走宁都也，罗川与艾命新拔抚州而不能守，退师许湾，招集贵东安仁兵近二万。永宁复抚、建，罗川率兵来合，约分道进恢江省。会粤兵与罗川兵争舍，罗川呕出止之，流矢中其喉而卒。永宁以粮饷不继，弃进（贫）〔贤〕，守抚州。我将王得仁率兵围之，粮复匮，将退保建昌，为得仁追获，死焉。

甲申之变，原任福宁州知州揭重熙同副总兵洪日升起兵勤王，至南京，授吏部考功司主事，以艰归。顺治（三）〔二〕年乙酉，南京破，江省亦入版籍，重熙复招集乡勇徐组绶、万民望、王宏等起兵湖东。会益藩兵起，重熙走谒，请急临省会，事不果。我将王体忠围建昌，重熙提兵来援，战于许湾而败，吏部主事王兆熊劲之。既以曾樱荐，唐王复授重熙考功员外兼兵科给事中，从傅冠办湖东兵事。又令原任翰林院检讨傅鼎铨以原官兼兵科给事中，统义师由泰宁出关召募。泸溪告急，冠不能救，重熙劲冠去，兵事专委重熙。永宁既败，重熙复趋福州，统诸将进克金溪，复抚州，有众十万。捷闻，授右佥都御史，代刘广胤巡抚湖东。以诸将进止不协，退保泸溪。与我兵战于铜蒲隘、师姑岭及高田、孔坊，俱捷。

三年丙戌八月，福州不守，鼎铨往宁都，借兵于田海忠，不应，因集乡勇复宜黄，驻兵于乐安。重熙闻王师入关，提兵援福州。闻王赴赣州，倍道趋赣，为我兵掩击，大溃，急收散卒，还攻抚州，破之。而中军洪深亦没于阵，兵士仅存千人，乃退次王洞。间行至安东、金贵诸砦，令联络以待，而身为日者装，入南昌以觇虚实。

五年戊子，金声桓以南昌叛，首迎重熙、鼎铨，而两人殊不欲驻省，(诸)〔请〕任闽事。我谭固山围南昌，重熙赴粤求援。鼎铨兼督两军，与张自盛合营援南昌，败于三江口。重熙至肇庆，永明拜重熙兵部尚书兼右副都御史，总督江西兵。未及归，而南昌破，沿途召募，猝遇我兵，战于程乡，大败。监军桂泓阵没，重熙身中三矢，仅免。

金、王死，其故将张自盛、洪国玉等闻重熙奉新命，出湖东，争来归，兵大集，驻宁都、石城间。而鼎铨被内召，不愿往，请再举终江事，重熙亦疏留，乃拜兵部右侍郎兼翰林院侍读学士。鼎铨随令监军陈化龙驰檄浙东，有徐孝伯者，引军来会，同驻徐博。

七年庚寅，重熙以张自盛驻闽，赴其军，约广信曹大镐并进。甫入闽界，我兵围之数重。重熙分部诸将，战数合，佯北，引我兵入伏中，前后夹击，大捷，遂徇诸郡邑，皆下之。进至抚州，几获我帅。

八年辛卯，鼎铨至广信张村，为我守将所执。江抚夏一谔谕之使降，不应。令以书招重熙，不可。八月五日，见杀。搜其笥，先置木主，书死年而空其月日。自盛掠邵武，战败，被执。重熙乃率数十人赴大镐于百丈礤，适大镐还军铅山，重熙至，惟空营。我兵侦得，率众围之，射重熙中项，执至建宁，日求死。十一月三日，戮于南街市口。未几，曹大镐亦败，都昌督师余应桂亦以是岁亡，江西之兵遂尽。应桂者，都昌人，万历己未进士，尝为御史，疏劾周延儒，有直声，累官兵部侍郎。金、王之乱，起兵都昌，率舟师援会城，败于落星湖。已，复倾訾募众，而南昌已平，我浔帅杨捷以步骑奄至城下，被执，及子诸生显临、中军帅师俱死之。

三藩纪事本末卷三

杨刘万殉赣

崇祯甲申，闯贼破京师，江西在籍翰林院修撰刘同升闻变，痛哭几绝，檄告江西十三郡绅士，举义复仇，缟素别丘垄而出。至南昌，遇职方主事杨廷麟，大集绅士于澹台祠，为怀宗发丧，涓吉誓师进发。

福王立，授同升左中允，廷麟左庶子，俱辞不拜。唐王立于福州，擢同升少詹事、兵部侍郎，总理江西，而廷麟以东阁大学士召。廷麟以国破君亡偷安海甸为非计，辞不拜，与赣抚李永茂及同升共举义旗。会粤东有入卫兵三千过赣，即疏留之。立忠诚社于赣州，招致四方之士。于是王其宏、其囗、刘明保、彭曰趣等各率家丁，自赍粮入社，立功者几二万人。廷麟乃大享士于城西，率兵收万安，抵泰和，复吉安全郡，乃奉表迎唐王赴赣。

顺治二年乙酉十一月，李永茂以忧归，而万元吉以总制七省至赣，与同升、廷麟同心规画。时永宁王已复抚、建，约同下省，而同升已病。未几，湖东告溃。十二月，同升卒于雩都，事以不果。

初，元吉佐杨嗣昌、史可法两阁部军，与江西总兵金声桓素善。声桓收江右，以书币招元吉，元吉辞以各行其志，声桓勿迕也。至是，元吉主抚金以恢省，因移书声桓，声桓颇心动而未决。

三年丙戌三月，吉安守将胡长荫违元吉节制，为我将柯永盛所败，吉安复失。元吉走皂口，欲赴水。永丰令林全春亟持之，乃还保赣州。我兵尾之，拔万安，遂围赣，声桓声问遂绝。给事中杨文荐者，奉命往湖南，过赣，见事急，愿留共城守，元吉赖之。先是，正月，廷麟招降峒寇得四万人，所谓四营者也。张安者，四营之一，骁勇善战，赐名龙武新军，元吉倚之，而蔑视云南、广东诸军，诸军解体。

五月，江西巡抚刘远生督张琮来援，战于梅林而败，龙武新军亦败于梅林，于是援兵皆不敢前。元吉苦客将不用命，且出掠为民患，乃谋练土著，更番出战，颇有斩获，我兵移下沙。然元吉御兵士严，刑威不少假贷，故兵士不乐为之用。赣围久，王赐郡名忠诚，加元吉兵部尚书，文荐佥都御史。

六月，李永茂遣副将吴之蕃以广东兵五千至。七月，吏兵两部尚书郭维经奉命总理江西湖广军事，与御史姚奇胤沿途募兵，得八千人至，云南援将赵印选、胡一青率兵三千至，大学士苏观生遣兵亦如之，两广总督丁魁楚亦遣兵四千至，军声颇振。诸军皆欲战，而元吉欲俟水军至共击。是时中书舍人来从谔募砂兵三千，吏部主事龚棻、兵部主事黎遂球募水军四千，皆屯南安，不敢下。兵部主事王其弘谓元吉曰："水帅罗明受，海盗也，桀骜难（至）〔制〕，且今水涸，舟行为难，岂能如约。"不听。

八月，大军闻水师将至，即令兵士夜截诸江，焚巨舟八十，明受遁，于是诸营皆散去。元吉弟六吉调广西狼兵八千至南安，亦不战溃。已，闻唐王被难汀州，全城气索。

十月，天雾雨雪，我兵乘夜上城。城破，元吉率士巷战，夺门出，至东关，叹曰："大事去矣！"投赣江而死。廷麟死于清水塘。我将贾熊叹为忠臣，以四扇门为棺，瘗之东门之外。维经与奇胤同缢（与）〔于〕嵯峨寺。湖西兵备佥事加太常卿彭期生衣冠自缢。职方主事周瑚被获，磔死。通判王明汲、编修兼兵科给事中万发祥、吏部主事龚棻、户部主事林琦、兵部主事王其弘同弟其□、黎遂球、柳昂霄、鲁嗣宗、钱谦亨、中书舍人袁从谔、刘孟鍧、刘应试、推官署府事吴国球、监纪通判郭宁登、训导徐君鼎、都督佥事刘天驷、临江推官胡缜、赣县知县林逢春，皆被戮。邑人河南同知卢观象，尽驱男妇入池，乃自沉死。马平知县谢赞与子胤绣、侄胤斗，衣冠自缢。举人刘曰倥同母、妻、子、侄、弟妇同日自尽。荐授万州判官周世光携幼孙，同卢观象赴池死。世袭赣卫千户孙经世同弟纬世、纮世阖门自焚死。监纪军务聂邦晟同子士爁、士焕、妻刘阖门死。贡生杨万言同妻子赴池水死。庠生郭其昌同妻范号泣三日死。董缵卿同子麒兆、正宸、正朝俱死之。谢明登同妻罗、子佛生赴池死。冯复京同妻张对缢死。余学义母周先自缢，学义同妻钟、子妇丘、二孙赴水死。杨丽天同妻赴清水塘死。金之杰巷战，杀数人，携妻赴水死。王统、王纯缢于文庙。周葵、陈君猷积薪自焚死。乡约谢明登同妻杨赴井死。雩都训导胡董明被执，见杀。宁都曾嗣宗、杨燧俱自经死。书工赵廷瑞赴水死。织人熊国本赴义忠诚社，至是被执。赣令，举人也，叱之曰："尔织人，何知义？"国本曰："织人不知义，举人顾当为不义耶？"引出斩之。参将陈烈，其弟降于我，烈奋勇疾斗，至是被执。其弟劝之降，不从，乃杀之。其以流寓同难者，广东提学道符溯中同兄述中、新喻进士万发祥、庐陵庠生段之浑、新喻庠生萧瑛。

金王之乱

金声桓字虎夫，辽东卫籍。王师平辽东，全家被俘，独声桓逃走入关。王得仁，闯部裨将，骁勇善战，军中所称王杂毛者也。声桓性沈猜，善持两端，以军功累官总兵、都督同知，隶左良玉后军。顺治二年乙酉五月，左梦庚率之来降，命与闯部降将王体忠合营，规取江右。未几，声桓矫杀体忠，以得仁代之。

江右既平，声桓自以为不世功，旦夕望侯。及收江疏还，仅授副总兵，而<u>得仁</u>衔不列，得报，气沮。招抚<u>孙之獬</u>至<u>南昌</u>，<u>声桓</u>所置将吏渐有更易。<u>江抚李凤翔</u>继之，益加裁制，<u>声桓</u>心怏怏。<u>声桓</u>常师事维扬僧<u>德宗</u>，<u>德宗</u>每奇<u>声桓</u>，尝拊<u>声桓</u>背曰："勉旃！二十年<u>江右</u>福力，变红头虫，此其候也。"及是，果着红缨，建牙<u>江省</u>，益尊信之。<u>德宗</u>每为<u>声桓</u>言，劝其改图。<u>南昌胡以宁</u>在<u>声桓</u>幕中，言如<u>德宗</u>指，<u>胡澹</u>、<u>陈大生</u>等各缘以迎合。<u>声桓</u>又觇知<u>得仁</u>所居故<u>宜春王</u>第，每后堂张宴，自着<u>明</u>衣冠，令优伶演<u>郭子仪</u>、<u>韩世忠</u>故事，诸客闻之益心动。先是，<u>福州</u>之破，仕<u>闽</u>者或有空头敕劄持归，至是，因缘间露，且言<u>唐王</u>尚在，二帅闻之，益自喜且负。<u>江抚李凤翔</u>死，<u>章于天</u>代之，遇诸将益倨，索贿无厌足。一日，宴于藩署，席地铺毡，文吏皆坐毡，而<u>声桓</u>、<u>得仁</u>顾坐毡外，<u>得仁</u>有忿色。<u>于天</u>嘻笑顾视曰："<u>王</u>总兵欲反耶？"宴归，二帅耻甚。

四年丁亥七月，<u>得仁</u>提兵往<u>建昌</u>，<u>于天</u>又遣人索赂累亿。<u>得仁</u>怒裂眦，大有恶言。八月，归自<u>建昌</u>，劝<u>声桓</u>速举事。而<u>声桓</u>以前<u>辽东</u>被俘，妻子留京未归，又<u>胡以宁</u>新亡，遣人往<u>湖南</u>觇知<u>何腾蛟</u>为我兵所败，迟疑未发。巡按<u>董学成</u>至，有以二家阴事告者。<u>学成</u>扬言欲奏闻，而阴索<u>得仁</u>贿，并其侍儿。<u>得仁</u>恐以侍儿予之，则居家状泄有验，坚不肯予。时幕中诸客诡言<u>唐王</u>在<u>五子寨</u>，二帅即遣客往探<u>唐王</u>实耗。客即假<u>唐王</u>命，封<u>声桓</u>为<u>镇江公</u>，<u>得仁</u>为<u>维新侯</u>，二帅大喜过望。

五年戊子正月，<u>章於天</u>忽率数骑出<u>瑞州</u>，捕掠诸富室，或告得仁曰："此非为索贿赂也，前闻有满骑数千，不知所往，或径往赣州，约同赣抚会议而后发，发则须摇公等。"得仁大惧。适声桓妻子还自燕，声桓乃召胡澹等入议，遣人以书约山东、河南并发。得仁提兵出建昌，合揭、杨诸部然后举。议既定，或说得仁曰："声桓疑而多诈，脱中变，而公顾居外，且奈何？不若坐据省会，仗钺投袂，为必不可遏之势胁声桓，声桓不敢不从，但贵神速耳。"得仁大喜，立传令部勒全营，杜七门，围守董学成官署，时正月二十六日夜漏下三十刻矣。

翌日癸亥，七门不启，得仁躬擐甲往缚学成，赴声桓署白状。声桓蒲伏问故，得仁曰："诏云然，何敢后也。"声桓唯唯。得仁即前为声桓割辫，以声桓令箭传示诸协，悉去辫，出示安民，称隆武四年，即日绞杀学成及副使成大业。军民戴满帽者辄射之，城中委弃缨笠，积如山阜。得仁遣将擒章於天于江中。声桓首迎在籍阁臣姜曰广入省，诸金弟族皆为都督，得仁妇弟黄天雷为兵部侍郎，声桓幕客黄人龙为总督。二人各开幕，门如市。初，声桓诛体忠后，谋尝与得仁合，及是，各自为功，所树吏率分东西府，嫌隙始开。

二月朔，得仁提兵下九江。胡澹说得仁宜乘破竹之势，疾趋建业，下流猝无备，必举建业，举则兖、豫响应，率兵而北，中原可传檄定也。而声桓闻捷，辄召得仁还。得仁以澹谋告声桓，众皆主之，独黄人龙不可，曰："赣州居省上流，文武督在焉，宜先定赣，不然且拟我后。"声桓从之，立议取赣。声桓、得仁偕行，而以宋奎光守南昌。兵围赣州，城固不可克，声桓乃令得仁往绶章、（赣）〔贡〕上下，而自引兵逾岭，恢雄、韶。时南中颁永历年号至，乃遂称永历四年。声桓遗书广督李成栋，共兴复，成栋遂叛，拜表粤东，迎永明王驻肇庆。王因实封声桓为昌国公，得仁为新喻侯。师留赣且老，省内虚。

四月，大兵入湖口。五月朔，破九江，伪守将吴高遁。二日，下南康，伪守将白之裔溃。七日，千骑至石头，犹不意为我兵也，见红缨白帐，始色骇。明日，铁骑满西山矣。我固山谭泰先从东入，破饶州。饶州伪将潘永禧遁，王师尾之至南昌，而令偏将自浔入搜麦源、青岚诸道，薄西山，故未下营，血刃已数百里。

大兵围南昌，声桓兄成功约降于我，奎光谍知，杀之。得仁部将贡鳌，声桓部将楚国佐，以其军叛，奎光追及，复杀之。大兵攻得胜门，城坏数处，奎光囊土塞之，得不破。旋出神枪大筒，焚我攻具，我兵少却。报至赣，声桓、得仁大惧，撤兵急回。赣帅掩击，亡其大半。十九日，声桓伪先锋刘一鹏与我战，获大炮三。得仁继至，闻前捷，即气扬甚，不鞾马而驰。中伏，大败于七里街，即气索甚，尽撤城外屯兵入壁。金部伪将郭天才争之不得，自扎黄泥洲为犄角。天才所统尽川卒，精锐无敌，先提偏师入闽，不克，归，我兵已围南昌矣。天才三战三捷，我兵颇惮之。宋奎光单骑渡江，按行地利，请移兵二队，一驻生米渡，一驻市汉，以达饷路。天才请大举逐我兵，皆不听，专主坚壁。我兵虽胜，每虑得仁袭之，军中常夜惊王杂毛来也。久之，见城中终无出兵意，乃用锁围法，东自王家渡属灌城，西自鸡笼山属生米渡，掘壕载版起土城。自是内外耗绝，设南昌令于白茶市，新建令于蛟溪，征役索赋，安坐而制其毙。得仁自亡军后，不复亲督阵。方娶武都司女为继室，绣斾亲迎，金鼓喧杂。我瞭者望而大骇，莫疑为王杂毛娶妇也。

十月，郭天才亦撤军入城。已，城中粮尽，人相食，乃大出居民，两帅情实尽为我得。我因得以余暇旁收郡县，西南逐伪守张启祥，西北降伪宁将邓云龙，东南破傅鼎铨之援师，北戕余应柱于都昌，刘斯口于梓溪，东收徐光程，西破丁家塘土塞。声桓闻之，惟嘤喈悼恨而已。

十有二月，我师再乘城，山东人全时鸣令以铁网笼之，铁钩曳而伤之，损伤过当。

六年己丑正月，声桓部将汤执中守进贤门，其偏裨某约来降。谭固山因以厚阵佯攻得胜门，炮声闻三百里，两（师）〔帅〕齐师赴焉。而奇兵已从进贤门梯而上，城遂陷。声桓赴池水死，得仁阵获，磔死。宋奎光、刘一鹏、郭天才皆被执，不顺命死。姜曰广赴偰家池死。得仁突得胜门，三出三入，与谭固山马首再相值，谭不知其为得仁，得仁亦不知其为谭也。

初，声桓之主坚壁也，以待广师之援。而吴尊周所草乞师表文，但陈胜状而不告急。既闻江事危急，乃遣李赤心由袁、吉，李成栋出南雄，会南昌。赤心逗留不进，成栋败死信丰，遂以不救。

王师南征

顺治四年丁亥三月，我大清命定南王孔有德、靖南王耿仲明、平南王尚可喜等率兵下湖南。定兴伯何腾蛟与总兵郝永忠退保衡州，张先璧走宝庆，□□□□□□□湖北巡抚堵胤锡走永定，卫王有才、马进忠等走五溪山中。

五月，大兵抵衡州，永忠北总兵黄朝宣等被擒，腾蛟退保永州，从者惟滇将赵印选、胡一青等数人。

八月，大兵破武冈，常德、宝庆尽失。总兵刘承胤败绩，来降。永明王走靖州，由蛮道以达柳州。土司覃鸣珂与守道龙友明相攻，遂陷柳州，矢及王舟中，王走象州。时大兵已定湖南，永州亦破。腾蛟与永忠、卢鼎俱入桂林，与留守瞿式耜议分地给诸将，俾自为守。式耜督焦琏复阳朔及平乐，陈邦传复浔州，合兵复梧州，粤西尚称全土。王回桂林。

五年戊子二月，大兵入粤西，永忠溃于兴安，返入桂林，大掠。

三月，大兵至桂，北门垂破，闻金声桓反于江西，乃退入楚。

五月，腾蛟复全州。

六月，成栋以粤东叛归于王，王封成栋惠国公，声桓豫国公，一云昌国公，王得仁、佟养甲、杜永和等侯伯有差。成栋子元胤为锦衣指挥使。王返肇庆。腾蛟复督师出湖南，由永入衡。胤锡亦以忠贞营自常德趋湘潭。

十月，成栋犯赣州。先是，江西悉反，惟赣州为我将高进库所守，声桓攻之不克，乞师粤东。成栋援之，战不利，退屯南康县。

六年己丑正月，大兵破南昌，俘金、王；下湘潭，执腾蛟。

二月，成栋败于信丰，骑而渡河，马蹶，堕水死。事闻，以杜永和为两广总督，驻广州，代成栋。罗成耀守南雄。大兵由湘潭薄衡州，胤锡败，衡、永俱不守。

十二月，我平南王及嗣靖南王耿继茂下广东，罗成耀遁，南雄不守。

七年庚寅正月十四日，下韶州。王闻庾关失守，奔梧州，留马吉翔、李元胤守肇庆。

二月，大兵围广州，调浔帅陈邦传及忠贞营高必正东援。邦传故与元胤有隙，意在修怨。又憾必正等之屡扰其境也，阴令副将姚春登等连结土司。会李来亨等调兵土司，遂相仇杀，必正怒而归。忠贞营者，成蓥余党，胤锡所招抚者也，时散处宾、横间，故邦传恶其扰。时李赤心已死，故必正领其营。邦传驻清远，马吉翔驻三水，俱不敢进。以城守久，进永和爵为侯，元胤弟建捷力战有功，封安肃伯。广州城三面临水，成栋在时复筑两翼，附于城外，为炮台，水环其下，大兵攻围十阅月不下。永和偏将范承恩为内应，决炮台之水，大军藉薪竟渡，遂得炮台。

十二月二日，城破，永和由海道奔琼州，建捷夺围至肇庆，邦传溃于三水，而我定南王亦已入全州。五日，破桂林。详见式耜殉粤。邦传闻桂林破，遣兵邀劫从官于藤江，杀部郎潘骏观、许王凤等。王踉跄奔南宁。胡一青、赵印选率兵驻宾州。

八年辛卯，大兵取肇庆，元胤、建捷奔南宁。会孙可望遣贺九义杀内阁严起恒等，元胤忿甚，请出灵山收高、雷之兵，迎王入海。至钦州，为土兵王胜堂所执，送靖南王所，不顺命；令作书招杜永和，亦不从，与弟建捷俱斩于市。

九月，陈邦传叛降于靖南王。报至南宁，王震恐，议奔广南。后军印选、一青之师复败，与大兵相去不五十里，王遽由水道走土司，抵濑湍，转入罗江土司，次龙英，至广南岁已暮矣。时可望已受秦封，遣人来迎。

九年壬辰二月，可望迁王于安陆，改名安隆。大兵取琼州，杜永和来降。

何腾蛟殉楚

崇祯癸未，起何腾蛟右佥都御史，代王聚奎巡抚湖广。初，腾蛟为南阳知县，数摧贼锋。已，从巡抚陈必谦破贼安皋山，及讨平土寇，益知名。后以部郎出佥怀来，忧归。起淮徐兵备，复平土寇。至是遂有是擢。

时左良玉屯武昌，横甚。顺治元年甲申五月，福王自立于江南，诏至，良玉时在汉阳，有异言。腾蛟赴良玉军争之，而良玉参军卢鼎亦言于良玉，乃开读如礼。八月，王加腾蛟兵部侍郎兼抚湖南。寻以故官总督湖广、四川、云南、贵州、广西军务。

乙酉，南京有北来太子事，良玉遂举兵东下，邀腾蛟与俱，不可，则尽杀城中人以劫之。腾蛟急解印付家人速走，将自刎，为良玉部将拥去。舟至汉阳，腾蛟乘间跃入水中，漂十余里，遇渔舟救之起，则关壮缪庙也。而所遣家人怀印者亦在，相视大惊。遍觅渔舟已不见，盖有神祐云。腾蛟乃从宁州转浏阳，抵长沙，集属吏痛哭盟誓，权令堵胤锡摄湖北巡抚，傅上瑞摄湖南巡抚，章旷为总督监军，周大启提督学政，严起恒衡永道，督二郡军食，吴晋锡以长沙推官摄（柳）〔郴〕桂道，随遣旷调黄朝宣、张先璧、刘承胤等兵先后俱至，而良玉已死。

五月，唐王自立于福州，王素知腾蛟贤，委任益至。李自成死，（兵）〔其〕将刘体仁、郝摇旗等观望无所归，腾蛟遣部将万大鹏招之。摇旗等大悦，与大鹏俱长沙。腾蛟开诚抚慰，于是蔺养成、王进才、牛有勇皆来归，骤增兵二十余万，军声大振。既而自成部将李锦、高必正率众逼常德，腾蛟命胤锡抚之，亦来降。于是自成余党悉归腾蛟，一时诧异事。而腾蛟上疏止言元凶已除，宜告郊庙，不言己功。唐王大喜，拜腾蛟东阁大学士兼兵部尚书，封定兴伯，仍督师规取两江。于是腾蛟部置降卒，参以旧军，乃题授黄朝宣、张先璧为总兵官，刘承胤、李赤心、即李锦改名。郝永忠、即郝摇旗改名。袁宗第、王进才及董英、马进忠、马士秀、曹志建、王允成、卢鼎并开镇湖北，时所谓十三镇者也。

丙戌正月，腾蛟拜表出师，李赤心败于湖北，腾蛟威望自此损。已而唐王死于汀州，腾蛟闻之大恸。永明王立，以腾蛟为武英殿大学士加太子太保。

丁亥，大兵逼长沙，腾蛟不能守，单骑走衡州，长沙、湘阴尽失。时守衡州者卢鼎，而张先璧率兵突至，鼎不能抗，走永州。先璧遂挟腾蛟走祁阳，趋辰州。腾蛟脱还，赴永州。甫至而鼎部将复大掠，鼎走道州，腾蛟与侍郎严起恒走白牙市，大兵遂平衡、永。于是前所置十三镇者，皆起而为盗。未几，部将周金汤复永州。

六月，腾蛟在白牙市，诸将皆不用命。刘承胤由小校腾蛟荐至大帅，封定蛮伯，尤忌腾蛟。于是腾蛟与为姻，奏王进安国公，勋上柱国，而承胤益骄，忌腾蛟出己上，欲夺其权，腾蛟固无如承胤何也。于是腾蛟无兵，王命云南援将赵印选、胡一青兵隶之。

八月，大兵破武冈，常德、宝庆尽失，永亦再失。王由柳州将返桂，而城中惟焦琏一军，兵屠甚。腾蛟率印选、一青入助。会卢鼎亦以兵至桂林，乃安。

戊子正月，加腾蛟太师，爵世侯。

二月，郝永忠、赵印选兵大掠桂林。大兵侦知，直抵桂北门，腾蛟与琏、一青分门拒守，大兵乃还。

三月，李成栋以广东叛归于王，大兵暂回，于是腾蛟复全州，保昌侯曹志建、宜章侯卢鼎、新兴侯焦琏、新宁侯赵印选复永州，职方主事李甲春复宝庆，诸将复衡州，马进忠复常德。腾蛟议进兵长沙，适李赤心自夔州至，督师堵胤锡令进忠以常德让赤心。进忠大怒，尽驱居民出城，焚庐舍，走武冈，诸将皆空城走。腾蛟闻之，大骇。

己丑正月，携吏卒三十人邀赤心。赤心至湘潭，见空城也，不守去。腾蛟入湘潭。大兵见腾蛟入空城，遣徐勇入之。勇故腾蛟部将，劝腾蛟降，腾蛟不从，乃拥之去。绝粒七日不死，乃杀之。腾蛟所居有神鱼井，井故无鱼也。腾蛟生，鱼忽满井，皆五色。腾蛟既遇害，井鱼亦空。

瞿式耜殉粤

顺治二年乙酉八月，福王起原任户科给事中瞿式耜为应天府丞，旋擢右佥都御史，代方震孺巡抚广西。时靖江王亨嘉据桂林，式耜与焦琏定计，令思恩参将陈邦传以兵攻桂林，破之，王被擒杀于福州。

九月，唐王死于汀州，式耜与魁楚奉永明王由榔监国肇庆，王拜式耜吏部右侍郎、东阁大学士，兼掌兵部事。

十月，王闻赣州破，将趋梧州，式耜争之不能得。

十一月，唐王弟聿□据广州。总督林佳鼎败没，式耜视师峡口。

四年丁亥，王师破广州入肇庆，遂逼梧州，巡抚曹晔降，遂袭平乐。王将奔全州，式耜疏言："王留粤则粤在，去粤则粤危。我进一步，人亦能进一步；我去速一日，人来亦速一日；去而不守，则拱手送矣。"言甚切至。王不听，遂奔全州，而进式耜文渊阁大学士兼吏兵两部尚书，守桂林。

三月，大兵薄桂，突入文昌门，登城楼以瞰式耜署。援将焦琏拒战甚力，式耜亦身立矢石中，与士卒同甘苦。援兵索饷而哗，式耜括库不足，妻邵捐簪珥助之，故人无叛志。既而主客兵不和，琏兵噪而去，城几破矣。会陈邦彦攻广州，大兵引而东，桂林获全。于是焦琏复阳朔、平乐，陈邦传复浔，合兵复梧州。王闻捷，封式耜临桂伯，琏新兴伯，余进秩有差。

十一月，大兵自湖南逼桂林，式耜与何腾蛟拒却之。

五年戊子二月，郝永忠驻桂林，与团练兵相恶，尽破水东十八村。既与大兵战灵川而败，复大掠，杀太常卿黄太元，诸将赵印选诸营自灵川至，亦大掠，城内如洗。大兵闻桂林有变，急来袭，腾蛟拒战获全。

闰三月，李成栋据广东来归，请王赴广州。式耜虑为所制，急争之，乃驻肇庆。成栋具疏言："式耜拥戴元臣，不宜久在外。"王召式耜，式耜以国事让成栋，愿留桂。

十一月，永州、衡州、宝庆相继恢复。式耜以机会可乘，请王还桂林，以图出楚，不听。

六年己丑正月，何腾蛟被执于湘潭。二月，成栋败没于信丰。王命式耜留守督师，兼江、楚各省军马。我朝亦遗书招式耜，式耜不从。

七年庚寅正月，南雄报不守，罗成耀遁，韶州亦失。九月，全州破，赵印选在桂林，胡一青、王永祚在榕江，皆惶惧不敢出，大兵遂入严关。十月，榕江不守。十一月，诸将皆逃，城中无一兵，式耜端坐府中。俄总督张同（厰）〔敞〕自灵川回，入见式耜，誓同死，因俱就执，幽之民舍，两人赋诗唱和。闰十一月，杀之凤洞山下。故给事中金堡时已为僧，名澹归，上书定南王，请收瘗式耜、同（厰）〔敞〕，不报。吴江杨秌收而瘗之北门之园。

孙李构隙

崇祯甲申，张献忠盗蜀僭号。顺治三年丙戌，我肃王西征，杀献忠于西充县之凤凰坡。其党伪平东将军孙可望、伪安西将军李定国、伪抚南将军刘文秀、伪定北将军艾能奇、伪都督白文选、冯双礼等，呼集伪众，夺重庆府，杀平蜀侯曾英。

四年丁亥春，由遵义入贵州。时云南土司沙定洲作乱，据云南省城。黔国公沐天波出奔永昌，定洲追之。闻兵巡道杨畏知据楚雄，起兵讨贼，乃留围楚雄，不能克。可望在贵州，闻滇乱，兼程趋滇。三月二十八日，屠霑益州。明日，屠曲靖。定洲急收兵还阿迷，与可望遇于蛇花口，接战，大败，遁去，可望遂取云南。右佥都御史宗室寿□以永明王命，募兵云南，为可望所系，胁降不从，被杀。巡按御史罗国瓛死之。可望遂引兵而西，遇畏知于禄丰县。畏知迎战，大败，被执，不屈。许以共奖明室，畏知乃降。可望兵至大理，遣人往永昌招天波，并索道府印。署府篆通判刘廷标、署道篆推官王运开咸曰："印往，则我亦降矣。"乃相继自缢。运开弟运闳赴水死，天波降。于是可望自称平东王，以刘文秀等守云南。可望自滇回黔，执总兵皮熊而释之。初，可望赴滇，熊由平越收兵复贵州。可望回，熊不能御，走清浪卫，可望使白文选追执之。可望既至黔，设官铸钱，造符敕，谋僭大号。而定国、文秀等故等夷，各自称王，不相下。定国尤强悍，议龃龉不合。

六年己丑春，可望杖定国于演武场以威众，孙、李之隙自此始。既而定国率兵征沙定洲，获之于汤嘉宾砦，斩之，兵益强，可望不能制，称帝之意始沮。时永明王自立于粤东，已四年矣。可望苦无以制其下，愿奉朔来归，因遣杨畏知入粤。时武康伯胡执恭屯泗州城，知可望强，欲藉为援。畏知至，则大喜，遽矫册封可望为秦王。而畏知至肇庆见王，道可望归顺意，为请封。大学士严起恒、都御史袁彭年、科臣金堡等执不可。畏知言可望兵力强，可藉以为用，何惜一封号以树敌。楚南督师堵胤锡亦以为请，乃议封可望景国公，赐名朝宗，定国、文秀皆列侯。胤锡曾赐空敕，得便宜从事，遂矫命改封可望为平辽王。使至，可望先受秦封，不受命，遣人至梧州问故，王始知矫诏事。马吉翔请封可望为澂江王，使者言，非秦不敢复命。严起恒与督师尚书杨鼎和、科臣刘尧珍抗疏力争，议遂寝。

七年庚寅十一月，大兵破广州，下桂林，王走南宁，事益急，乃遣编修刘茝封可望为冀王，仍不受。时艾能奇已死，可望并其众，益强。

八年辛卯，可望遣贺九义、张胜、张明志赴南宁，索沮秦封者。九义遂追杀鼎和于昆仑关，杀起恒而投之水，尸流三十里，虎负之登岸，乃收瘗之。并杀尧珍及吴霖、张载述等。霖、载述未尝沮秦封，以曾劾主秦封者，故杀之。于是真封可望为秦王。畏知见九义凶悖，痛哭入朝，疏其擅杀大臣罪，请诛之。王因留畏知入阁办事。可望闻，大怒，遣郑国执畏知以归。畏知望见可望，即大骂，以头帻掷可望面，可望遂杀畏知。定国、文秀素与畏知善，闻畏知死，益切恨可望。

是时大兵日逼，南宁不守。九年壬辰春二月，可望乘间迁王于安隆。先是，大兵已取湖南，定两粤，定南王孔有德提兵入黔，定国御之，连破靖、沅、武冈，入桂林。当是时，定国兵力强甚，不复禀可望约束，可望忿甚。已，战于衡州而败，可望使人召之赴沅议事，将因其败而杀之。定国觉其意，辞不行，遂入粤西。初，可望遣双礼邀定国，为定国所败，擒而（择）〔释〕之，故双礼倾心定国。

十年癸巳，可望自率兵追定国，猝遇我兵而败，归则尽杀明宗室之在黔者。王处安隆，势日穷促，知可望与定国有隙，乃与大学士吴贞毓谋，先以计遣可望腹心文安侯马吉翔往南宁祭陵，乃遣林青阳充使，封定国为晋王，趣使来迎。定国奉檄，感激流涕。然以兄事可望，久未敢轻发。一日，刘议新自定国营过南宁，见吉翔，语及定国受敕事。吉翔大惊，遽闻之可望。

十一年甲午，可望遣郑国、王爱秀至安隆索首事者，縶阁臣贞毓，极刑拷掠。贞毓曰："凡事宰相主持，我约李定国讨孙可望是实，诸臣无与。"而吉翔已报坐十八人，某主谋，某草敕，罗织成案。于是主事张镌、太监张福禄、全为国凌迟死，蒋乾昌、李元开、李欣、胡士瑞、徐极、杨钟、赵赓禹、蔡□、郑允元、周允吉、朱议昶、朱东旦、任斗墟、易士佳等皆弃市，贞毓以大臣赐自尽。可望憾定国益甚，然以将兵在外，不敢轻树敌，仍厚养其妻子于云南。定国亦防可望袭之，益取高、雷、廉州以自固。

十三年丙申，定国进攻新会，大败，率残兵奔南宁，将由安隆入滇。可望侦知之，使文选赴安隆，勒王回黔，合宫大恊。文选虽为可望用，然心不直其所为，因以情告王曰："姑迟行，候西府至。"西府，谓定国也。定国至安隆，文选归之，共奉王趋云南，王封文选为巩昌王。时守滇者为刘文秀、王尚礼、王自奇、贺九义。文秀素怨可望，遂以数骑私迓定国，迎王入滇。王封文秀为蜀王，尚礼保国公，自奇夔国公，令文选还黔慰谕。文选至，可望衔其二于定国也，悉夺其所部兵，羁之军中，然以妻子尚在滇，未敢遽反。

十四年丁酉春，王使张虎送可望妻子于黔，可望遂反。可望诸将马进忠、马惟兴、马宝最称勇健，而素善于文秀，且与文选交密，因从容谓可望言："今诸将中才无出文选右者，大将非文选不可。"可望从之，乃留双礼守贵州，而以文选为大将军，统诸军前行。

九月，定国、文秀帅师至三垒河，与可望夹交水而军。文选轻骑奔定国。可望以李、刘俱出，会城必虚，因遣张胜、马宝由寻甸间道袭云南，而自将劲卒击定国。十九日，战方合，惟兴等内叛，将士大呼"迎晋王"，一军瓦解，可望狼狈回贵州。而袭云南之师，马宝不战来降，张胜抵城下，尚礼谋内应，沐天波觉之，守之以兵，得不发。定国兵回，遇胜于浑水塘，擒而诛之。尚礼仰药死。于是文秀、文选穷追可望于贵州，可望挈妻子走长沙，来降于我经略洪承畴军前。双礼为可望断后，截其子女玉帛，来降于文秀，同归云南。王封双礼为庆阳王，进忠为汉阳王，惟兴与宝及九义俱进公爵。其伪德安侯狄三品、伪岐山侯王会、伪荆江伯张光翠，以党附可望，降爵有差。惟文安侯马吉翔善逢迎，入阁办事如故。

十五年戊戌春正月，可望至京师，封义王。

孙李奔北

顺治九年壬辰春二月，定南王孔有德以七百骑出河池，向贵州，大兵驻柳州接应。孙可望乃谋内犯，使李定国、冯双礼由黎平出靖州，马进忠由镇远出沅州，会于武冈，以图桂林；刘文秀、张先璧由永宁取叙州，白文选由遵义取重庆，会于嘉定，以图成都。可望疏请封定国为西宁王，文秀为南康王。

五月，定国进攻靖、沅、武冈，俱下之，有德还守桂林。定国由西延大埠疾趋而进，我师遇于全州，不利。

七月四日，定国陷桂林，获前降将陈邦传及其子曾禹，送贵州，去其皮而杀之。有德自经死，家口百二十人悉被杀，惟一女年十七，逸出城，单骑走京师，哭诉于朝。世祖怜而养之宫中，后归其原夫孙延龄。

十一月，我敬谨亲王尼堪统兵攻衡州，定国败走，王率精骑追之，遇伏，殒于阵，固山佟图赖监其军。定国收兵屯武冈。

十年癸巳春，定国回广西，可望使人召定国，不至，可望自率兵追之。大军至宝庆，与可望遇，双礼将左，文选将右。我军见可望龙旗，急攻之，可望北，惟双礼军不动。我军鉴衡州之失，亦不追，以武、宝之间为界，定国遂得据广西。已，与马宝由怀集东攻肇庆，不能克。秋，攻高州，破之，雷、廉俱下。

十二年乙未，可望犯常德，败绩。定国攻新会，不能克。

十三年丙申春，平南王击败定国军，定国奔南宁，遂抵安隆，奉王趋云南。

十四年丁酉，可望来降于王师。

十五年戊戌春正月，命楚、蜀、粤三路兵入黔。定国使刘正国、杨武守三坡、红关诸要险，以防蜀，马进忠驻贵州。四月，夔国公王自奇、永寿伯关有才反，定国自率兵讨平之。楚兵自镇远入贵州，屡告急，定国不及援，遂平贵州，进忠遁蜀。兵至三坡，刘正国奔回云南，蜀兵克遵义。五月，蜀兵击破杨武于开州之倒流水。七月，粤兵抵独山州。十月，三路兵俱集，戒期入滇。定国与双礼等扼鸡公背，图复贵州；文选守七星关，示犯遵义，以牵制蜀兵。十二月，蜀兵出遵义，趋天生桥，入乌撒。文选惧，走回霑益州。泗州土官岑继禄导粤兵入安隆，定国使怀仁侯吴子圣御之，败绩。定国回师拒战，连败，大营妻子俱散失，诸将各败走不相顾，马宝等俱来降，定国撤寨遁回。十五日，报至，王走永昌。

十六年己亥春正月三日，大兵入云南。二月，文选败于玉龙关。初，文选自霑益追及定国，因留之断后。二月，大兵出云南。十日，败王国勋于普洱。十五日，至大理之玉龙关，文选与张先璧、陈胜俱败。文选乃从沙木和走右甸，由镇康而出木邦。定国先伏兵于潞江之高黎贡山中。十八日，大兵抵永昌。二十一日，次潞江。前驱遇伏，不利。适中书卢桂生来降，定国谋泄，乃分精甲先蹂伏处。定国遇大军，不能支，因退师出腾越，走孟定，而王已入缅矣。

三藩纪事本末卷四

永明入缅

顺治十六年己亥正月，王自云南赴永昌，警报日至。二月十五日，李定国令总兵靳统武率兵四千人，自永昌启行。十八日，抵腾越。时李国泰、马吉翔辎重甚厚，恐遭劫夺，促王连夜即行。兵马过处，火光烛天，右转左旋，天明仍在故处。二十八日，至铜壁关，统武去王，仍归定国。缅人知王抵关，令从人悉去兵器，方许入关。是日，次蛮漠，缅人迎贡颇成礼。昆明诸生薛大观与子之翰闻王入缅，投黑龙潭死。二十九日，驻扎定。三月一日，到河岸，河中惟四舟，止足供王用，而河傍又无他舟可买，从人乃登陆，纡路赴缅。途中遭劫杀者，通政使朱蕴金、中军姜承德、副总兵高升、皇亲马九功、千户谢安祚、向鼎忠、范存礼、温如珍、李胜、刘兴隆、段忠等皆死于难。

初六日开舟，二十四日至阿瓦，请大臣过河面议册宝，视神宗时差小，疑以为假。及出沐国公印，对同，乃信，因请王及文武臣居旧城，复请王敕关上无得纳汉兵。三月十七日，陆行人到缅。缅王曰："此非来避乱，乃里应外合兵也。"发兵围之，杀伤甚多，仅存者分散各村居住。总兵潘世荣降于缅，或云在途被杀，未详。五月四日，缅王以龙舟来迎王。八日，到者梗，盖房十间居王，以竹为城。随从诸臣或短衣跣足，与缅妇相贸易为笑乐，大为缅人嗤。缅俗，朝见以跣足为礼。八月十五日，各蛮来朝。王欲夸示诸国，于十三日请沐天波过河，令跣足为诸蛮先，以臣礼见焉。九月，缅人进稻谷，给贫乏者。

十七年庚子七月，缅王复请天波过河，以各营逼缅城，乞王敕汉兵无得近关。九月，李定国有疏迎王，内云："前后共有三十余疏，俱不达。"时马吉翔与李国泰比专事权。一日，翔奏大臣有三日不举火者，王不应。明日，翔、泰合奏，王怒以御宝掷下，翔即凿而碎之，散给诸臣，其凶悖如此。

十八年辛丑，任国玺因东宫开讲，将宋末贤奸利害，纂书进呈。翔见而切齿。王览一日，翔即袖之以出。五月，玺复有时事三不可解疏，大概言："今日势如累卵，祸急燃眉，犹然泄泄不思出险。沐勋臣、王皇亲亦可主持，岂宜令翔、泰独专大柄。"王祖望、邓居诏各疏劾翔、泰，王固无如翔、泰何也。而是时蒲缨大开赌市，昼夜呼卢不绝。王惟恭与杨太监争赌殴拳，喧欢彻内，益为缅人所轻。

先是，二月二十八日，白文选密遣缅民赍奏，内云："不敢速进者，恐有害，必得缅人送出为上策。"王即回玺书甚切。越五六日，沿河搭浮桥为奉迎计。缅人觉之，事不果。三月，锦衣卫赵明鉴等谋奉世子逸出，出时并杀翔、泰。翔、泰闻，遂以结盟投缅诬奏，执杀王启隆家人何爱等。

七月二十三日，缅酋杀兄自立，随遣兵士驱王随从文武诸臣渡河吃咒水，至则尽杀之。于是松滋王某、沐天波、马吉翔、王惟恭、马雄飞、邓士廉、邓居诏、杨在、邬昌琦、任国玺、王祖望、裴廷谟、杨生芳、郭璘、潘璜、齐应巽、魏豹、王自京、安朝柱、王昇、陈谦、王启隆、龚勋、吴承爵、张宗伯、任子信、张拱极、刘相、宋宗宰、刘广银、宋国柱、丁调鼎、李国泰、太监李茂芳、杨宗华、李崇贵、周公、卢公、曹公、沈公、二杨公皆被其难。少顷，复以兵三千人围王所，每三十人擒杀一人，入宫搜取财帛。于是自缢及被杀者不可胜数，其姓名可纪者，古王某同妃自缢，二贵人杨氏、刘氏、松滋王妃俱自缢，姚文相、黄华宇、熊相贤、马宝二、差官赵明鉴、王大雄、王国相、吴承胤、朱文魁、吴千户、郑文远、李既白、凌云、严麻子、尹襄、朱议漆、王国玺等皆死之。内官陈德远等一十八人，一行自缢。王与太妃等二十五人聚一小房，逾二时，通事引护守缅官至，曰："不可伤皇上。"乃移王出居沐国公房内，大小内外共栖一楼，三日几断火食。兵退，姜承德妻杨氏自缢死。马吉翔第四女哭曰："我父在世，不知作何等人，如今已死，人犹骂之。"缢数次乃绝。王启隆妻吴氏、妾周氏既上缢，太监李从龙见而救之。吴曰："尔与吾夫厚，应促我死，反来救耶？"卒自缢。吴承爵妻某氏先缢子女，乃自缢。齐环妻某氏抱子赴水死。二十一日，修葺原所，复请王居之。二十五日，进银米等物。

檄缅取王

顺治十六年己亥春二月，李定国之兵败于潞江，退师出腾越，知王已入缅，不敢深入。闻白文选屯兵木邦，乃就文选谋曰："王入缅，敕汉兵无入缅关。我兵若入，恐变生不测。清兵万一随来，无险可恃，莫若就边地择妥屯住招集，以图兴复。"文选以王既入缅，无重兵护卫，请身入护王，与定国谋不合。定国遂自引兵从孟定府过耿马，抵猛缅屯扎。前各营溃兵陆续来集，兵势稍振。越数月，移营孟连，贺九义及文选部将张国用、赵得胜等皆来归，乃约元江土司那嵩共恢复。孟艮酋长以定国在孟连，恐为所并，纠合夷众，与定国为梗。定国移兵征孟艮，灭之，据其城。而大兵已乘间破元江，那嵩自焚死，事不得集。贺九义妻子在云南，我平西王吴三桂令作书以招九义，九义有二心，定国杀之。国用、得胜与九义同来归者，闻之心怏怏。总兵唐宗尧者，故奸弁，定国令守磨乃，凡兵将投孟艮者，宗尧悉收隶麾下，商客至则尽取其财，由是商贾不至。以故云南及阿瓦消息，定国绝不闻。

文选自与定国别，即由木邦至锡薄，所至纵兵大掠，声达阿瓦。阿瓦有新旧二城，新城缅王所居，以旧城居王。文选急攻新城，城中无备，且破矣。缅王绐言俟三日出新城让王，文选信之，退兵十里，而城中备御复固。既三日，文选复引兵进攻，反为所败，遂引兵赴孟艮会定国。定国遂同文选赴阿瓦，其国用、得胜所部兵仍还文选，时十七年庚子九月也。缅人知文选败，定国必复来，乃益修战守备。

十八年辛丑四月，定国至阿瓦，使人入缅求王，缅人不许。定国见缅人备御已固，乃退兵三十里下营。明日，缅人见定国退，即于城外立木城，日移而前，遂逼定国寨。五月，以象兵与定国战于木城下。定国前队稍失利，文选引兵横冲之，缅人大败，退保新城。文选、定国决计渡江，先遣都督丁仲柳于阿瓦上流造船。缅人知船工将竣，以正兵缀定国，而别遣奇兵捣船厂。仲柳弃船走，船悉被焚。定国与文选议复进洞邬，一面造船，一面攻新城，使两不相应，乃俱移营，定国在前，文选在后。国用、得胜以九义之死衔定国，至是遂挟文选北走，将来奔于我朝。至耿马，适与吴三省军相值。三省者，定国旧部。安隆之败，三省寻获大营妻子，来诣定国于孟艮，而定国已移营，不相遇，至磨乃，宗尧有叛志，收而杀之。然兵弱，不敢入缅地，流连孟定、耿马间。文选退走，遇三省军。文选见三省，不言而涕出。三省察军情有变，因言云南降者皆怨恨不得所，人心思明，甚于往日。于是张、赵复心动，遂与三省同屯于锡薄。

我平西王吴三桂侦知李、白情隙，乃令马宝率兵追文选，且招之，而自率大兵趋缅。时文选已去锡薄，宝追及文选于孟养，单骑赴文选营说之，文选降，封承恩公。王某妃在文选营，文选降，妃自缢。大军临阿瓦，檄缅取王及妃。十二月三日，缅人令数十夷人连座拥王去，约二里许至营，则三桂军矣。九日，大军回滇，捷闻，我皇上恩免俘见。

康熙元年壬寅四月二十五日，王与妃及世子俱终于云南。沅江总兵皮熊闻王就执，走避水西，绝粒七日不死。大兵闻，遣骑执熊至，背立不顺命。积十三日不食，始喑。十四日乃毙，仍戮尸。熊婿赵默亦被执，索纸书绝命词受戮。邓凯者，从王于缅，王既死，入昆阳普照寺为僧。李定国闻阿瓦消息，遣人入车里、暹罗诸国乞兵，图兴复，会一营人马尽死。六月十一日，定国生辰，病作。二十七日，定国卒。临终谓子嗣兴及靳统武曰："宁死荒徼，无降也。"定国死未几，统武亦卒，嗣兴来降。

蜀 乱

顺治元年甲申，张献忠据全蜀，惟遵义未下。兵部右侍郎、总督川陕军务樊一蘅及督师王应熊避其地，因檄诸郡旧将，会师大举。会巡抚马乾复重庆、松潘，副将朱化龙、同知詹天颜复龙安，一蘅乃起旧将甘良臣为总统，侯天锡、屠龙副之，合参将杨展、游击马应试、余朝宗所携溃卒，共得三万人。

二年乙酉三月，攻叙州，应试、朝宗先登，展继之。伪都督张化龙走，遂复叙州。贼将冯双礼率兵来争而败，伪安东将军孙可望援之。相持一月，一蘅粮尽，退屯古蔺州，展退屯江津。贼乃截化龙于羊子岭。化龙率番兵冲之，贼惊溃遁去。一蘅命展、应试取嘉定、邛、眉，故总兵贾联登及中军杨维栋取资、（蔺）〔蔺〕，天锡、高名佐取泸州，李占春、于大海守忠、涪。初，乾既复重庆，贼将刘文秀来攻，会副将曾英与参政刘鳞长自遵义至，与大海、占春、张天相等奋力夹击，破贼兵数万，英威名振蜀中，亦受一蘅节制。其他据城奉征调者，洪、雅则有曹勋及监军副使范文光，松、茂则有监军佥事天颜，夔、万则有谭弘、谭（谊）〔诣〕，一蘅乃移驻纳溪，居中调度。

下，诸拥兵者率瓦解，川地尽入版图矣。已而王师追贼至
遵义，粮尽引还。于是王祥等复入保、顺二郡，一蘷再驻
江上，为收蜀计，上表永明王。王以一蘷为户兵两部尚书，
加太子太傅，诸将祥等进爵有差。于是韬复入重庆，大海
占云阳，占春据涪州，（诸）〔诣〕据巫山，谭文据万县，弘
据天字城，天锡据永宁，应试据芦卫，祥据遵义，展据嘉
定，化龙、勋等各据地自擅。而宗室朱容藩及故偏沅巡抚
李乾德以总制至，杨乔然、江尔文以巡抚至，各自署置，
官多于民。李自成余孽李赤心、郝摇旗、袁宗弟等复扰夔、
巫间。一蘷令不行，惟叙州一郡而已。

　　五年戊子，容藩自称楚世子、天下兵马副元帅，建行
台于夔。武冈之败，传永明王已死，大器过占春营，具言
王无恙，容藩乘机僭窃，当得罪。占春以为然。李乾德亦
传檄声容藩罪。容藩益窘，乃北依二谭，以兵攻石砫司，
占春援之，容藩兵败，走死云阳。是时川地咸附于永明王。

　　乾德者，少好占验，至蜀，诸将中惟许韬及武大定，
遂结二人为腹心。韬故献忠别部，所称姚、黄十三家贼，
大定则小红狼别部也。韬与占春素不协，时驻重庆，兵强
而饥。乾德遣人说展，与合兵。展与占春素厚，富而弱，
籍袁、武之强以自固，纳之，约为兄弟。然展能与袁、武
合而不欲与占春绝也，时通闻问，馈以银米。袁、武有所
求，顾不甚遂，因恨展。既韬徙屯犍为，展以生辰来为寿，
乾德因说韬杀展而分其货。展死，诸将皆解体，故乾德卒
至于败。可望闻展死，将图蜀，乃为展讼冤，使王自奇将

兵由川南进，而别遣文秀及白文选渡金沙河，出黎州，败王祥于乌江河，取曹勋而袭其后，趋嘉定。时袁、武方拒自奇于川南，撤师还救。自奇尾击之，袁、武大败，悉就擒。乾德投水死。兵复东，三谭俱降。乃遣别将卢名臣下涪州，占春败走。大海在忠州，知不支，引兵出夔入楚，与占春来降于王师。文秀遂据蜀。

七年庚寅正月，文秀还云南，令文选守嘉定，刘镇国守雅州。三月，大兵南征，文选、镇国俱败，王师入嘉定，文光、天颜死之。初，展之死，文光入山不视事，至是死焉。九月，一蘅亦死于山中，蜀中将士俱尽。

九年壬辰，文秀、文选率兵来攻保宁，大军奋击，破其象阵。

十六年己亥，弘、诣俱纳款。时弘、诣已杀文，文安之与刘体仁、李来亨等欲讨之，二人惧，来降。未几，取马湖叙州，降牟胜于武隆，赦而用之。于是献孽之扰蜀者亦尽。自成遗孽郝摇旗、袁宗弟、刘二虎等尚据巴东。

十八年辛丑，奉旨三省会剿。王师驻万县，贼弃夔州。

康熙元年壬寅正月元旦，大军衔枚进夺羊耳关，贼焚天昌县以遁。二年癸卯，复犯巫山，大军与鏖战，而遣兵密斫其营，贼大溃。二虎投缳死，追摇旗、宗弟，获之，蜀地悉平。

郑成功之乱

郑成功，南安人，父芝龙娶倭妇生，初名森。芝龙见森于唐王，王奇之，赐国姓，名成功。顺治三年丙戌三月，王封成功为忠孝伯。福州破，成功母死于兵，成功号恸不自胜。芝龙欲降，成功泣谏不听。我贝勒挟芝龙北去，成功遂与所善陈辉、张进等乘二舰入海，收兵南澳，得数千人。

四年丁亥，闻永明王由榔僭立于肇庆，文移用永历年号，成功归自南澳。时厦门、浯州为郑（彬）〔彩〕、郑联所据，乃泊鼓浪屿。厦门者，中左所也；浯州者，金门也，隶同安，为两岛。七月，入寇海澄，不克而还。八月，与鸿逵合攻泉州，败我提督赵国佐于桃花山，遂围泉州。五年戊子，我副将王进自漳来援，成功解围去。三月，攻同安，守将王彪、折光秋弃城走，遂入之，复寇泉州。九月，我佟国器、陈锦、李率泰援之，成功乃退。大兵屠同安。

六年己丑三月，遣施琅、杨才、黄廷、何宸枢等寇漳浦，守将王起凤降，授伪铁骑镇，寻改伪正兵镇。遂下云霄，抵诏安，屯分水关，令黄廷、何宸枢守盘陀岭。官军攻盘陀，宸枢死焉。七月，永明王遣使至岛，封成功为广平公。

七年庚寅，潮人黄海如、陈斌道成功入潮州，败我师于潮阳。师还，遂入两岛。两岛为郑彩、郑联所据。成功师抵厦门，联方醉卧万石岩，报至，不得通。诘朝酒醒，出见，成功笑曰："兄能以一军见假乎？"联未及对，诸执锐者前矣，遽麾军过联船，兵士皆詟服，莫敢动，遂并联军。彩率所部遁于南中。已，杀联而复彩。成功将至，彩议全军出避，联不从，又不设备，故及。成功既入两岛，军势益强，海寇皆属焉。十二月，王师下广州，守将杜永和奔琼州，成功谋往接之。

八年辛卯，率众而南。二月，次平海卫。我闽抚张学圣闻成功南发，急调马得功取厦门，伪守将郑芝莞遁。四月，成功还自平海，诛芝莞，遂趋厦门，而得功已为郑鸿逵所攻，逸去两日矣。是月，施琅来降，世祖以琅为福建水师提督，驻海澄。琅有军校犯令，将杀之，成功急止之，不从，故成功遂欲杀琅。苏茂纵琅，遂来归，于是成功并憾茂。五月，成功寇南溪。十一月，败我提督杨名高于小营镇。十二月，寇漳浦。

九年壬辰五月，寇海澄。二月，寇长泰。我副将王进勇无敌，号"老虎"，成功伪中提督甘辉与战于北溪，两马相搏，不相下。既而两家兵至，乃解。进入长泰，辉攻破之，进走郡城（潭）〔漳〕州，属邑皆下。五月，成功围漳州，凡七阅月，城中食尽，人相食，枕藉死者七十余万人。间存者，气息仅属，虽悲泣不能下一泪。有士人饥死，邻舍儿窃食之，肠中历历皆故纸，字画隐隐可辨，邻舍儿见之，一恸亦绝。十月，金固山援至，成功令伪右冲锋镇柯朋接战而败；伪礼武镇陈凤援之，亦败；伪右武卫周全斌援之，亦败。成功大崩溃，退保海澄。

十年癸巳五月，金固山攻海澄，城坏百余丈。成功亲立雉堞堵御，不能破。一日，空炮递发，成功曰："是将临城矣。"勒兵持斧以待，令曰："敌至方斫。"官军渡濠，呼登城，众执巨斧以斫，随斫随落，濠为之平，固山始解围去。

十一年甲午，世祖遣人入海招抚，芝豹就抚入京，成功不顺命。时方议抚局，成功乘机登岸措饷，大扰福州、兴化等郡。十月，复遣满员入海议抚，无顺意。归报，乃置芝龙于高俎，芝豹于宁固塔。十二月，寇漳州。我漳州守将刘国轩降于成功，十邑皆下，遂略泉州，不能破而还。

十二年乙未正月，寇仙游。五月，遣伪忠振伯洪旭、伪北镇陈六御寇舟山，破之，以六御守备，因招降我台州镇马信、宁波镇张宏德。六月，破安平镇及惠安、同安、南安三邑。十一月，我定远大将军、世子王至闽，成功遁回岛中。

十三年丙申正月，世子王自泉州出攻两岛，风不利，引还。五月，杀苏茂。茂纵施琅，成功恨之，至是败于揭阳，遂令杀茂。六月，黄梧及茂部将苏明来降，世祖以梧为海澄公，驻漳州，明为多李几昂邦内大臣。梧从苏茂败于揭阳，故来降。十月，世子王班师，成功进略温、台等郡。

十四年丁酉三月，成功回岛，遣甘辉、周全斌攻宁德，杀我满帅阿克襄。襄既坠马，犹手刃数人而死。

十五年戊戌，永明王遣周金汤航海，进成功为延平郡王，成功遂议大举，入寇金陵。七月，以黄廷为伪大提督留守，余俱从行，甲士十七万，习流五万，习马五千，戈船八千，铁人八千。铁人者，周身披铁，画以朱碧彪文，陈于行首耸立，视马足而斫之。至<u>浙江</u>，攻陷<u>乐清</u>等县。次<u>阳山</u>，暴风漂没八千余人，<u>成功</u>幼子溺焉。

十六年己亥五月，至<u>崇明</u>。诸将请先取<u>崇明</u>为老营，不听。七月，抵<u>焦山</u>。<u>成功</u>集诸将议曰："<u>瓜镇</u>为<u>金陵</u>门户，宜先破之。"乃令伪右提督<u>马信</u>、前锋镇统领<u>余新</u>进夺<u>谭家洲</u>，伪材官<u>张亮</u>督善泅水者，荡舟斩断滚江龙；伪兵侍<u>张煌言</u>会伪水师提督<u>罗蕴章</u>，候滚江龙既断，即进据<u>瓜州上流</u>，焚夺<u>满洲</u>木城。<u>成功</u>与<u>甘辉</u>、<u>翁天祐</u>等直捣<u>瓜州</u>。我操江<u>朱衣祚</u>城守，<u>左云龙</u>率兵一万会战，背港而军。战未合，<u>张亮</u>已断滚江龙，对岸夹击。伪右武卫统领<u>周全斌</u>率兵带甲浮渡，直抵城下。伪正兵镇<u>韩英</u>夺门入，城遂破。<u>云龙</u>阵没，<u>衣祚</u>逸去，其<u>谭家洲</u>及<u>满洲</u>木城俱溃。<u>成功</u>令伪援剿左镇<u>刘猷</u>守<u>瓜州</u>，余皆渡<u>江</u>趋<u>镇江</u>。我提督<u>管效忠</u>以步兵驻守<u>银山</u>，骑兵移当大路。<u>成功</u>以<u>银山</u>迫府治，为必争地，夜引兵夺之。迟明，大军分五路，三叠压垒而军。<u>成功</u>令发火炮，多鼓钧声，江水震沸，兵士皆下马殊死战，<u>效忠</u>北。<u>镇江</u>守将<u>高谦</u>降，<u>成功</u>以<u>周全斌</u>、<u>黄昭</u>守之，属邑皆下。<u>甘辉</u>进曰："断<u>瓜州</u>，则山东之师不下；据北固，则两浙之路不通。但坐镇此，南都可不劳定也。"不听。率师薄<u>金陵</u>。八月，至<u>观音门</u>，以<u>黄安</u>总督水师，守<u>三汊河口</u>。<u>成功</u>率诸将由<u>仪凤门</u>登陆，屯<u>岳庙山</u>。<u>甘辉</u>以守御既固，恐难猝拔为谏，不听。大军以千骑来薄，伪前锋镇<u>余新</u>击败之，遂轻敌，不设备，军士捕鱼饮博为乐。我副将<u>梁化凤</u>侦知之，由<u>仪凤门</u>穴城出，军皆衔枚疾走，薄<u>新营</u>。

新不及甲，遂就擒。成功急令翁天祐驰援，已无及。大兵既败余新，遂以步卒数千直捣中坚，而以骑兵数万绕山后，出其背，前后夹击。成功大败，诸伪将各溃走不相顾。成功麾军急退，甘辉且战且走，至江，骑能属者三十人，被执杀。九月，成功还师攻崇明，不下，伪正兵镇王起凤伤炮死。十月，还岛，哭甘辉而后入，曰："我从甘辉言，不及此。"立庙祠之。

十七年庚子五月，世祖命将军达素、总督李率泰率兵大搜两岛，令大船出漳州，小船出同安，檄广东投诚将士许隆、苏利等会海上。成功令陈鹏守高崎，遏同安之师，郑泰出梧州，遏广东之师，自勒诸部扼海门以御漳州之来讨者。成功既至海门，令伪五府陈尧荚传令诸将碇海中流，按军不动。令未毕，漳船风利，遂迫海门，诸将仓卒受命，未敢先发，大兵乘之，伪闽安侯周瑞与陈尧荚俱死焉。日向午，东风转盛，成功自手旗起师，风吼涛立，北人不谙海性，眩晕不能军而退。是日，同安军出，高崎陈鹏欲降，伪副将陈蟒觉之，曰："事急矣，当决一死战！"麾其属与伪殿兵镇陈璋合击之，我兵退，陷于淖而溃。成功杀鹏，以蟒代之。许隆、苏利后二日始至，知两路功不成，遂还。达素回福州，自杀。

十八年辛丑，成功议取台湾。台湾东倚山，西薄海，北界鸡笼城，与福州对峙，南则河沙矶，小琉球近焉，周袤三千里，水陆之产咸备。初，芝龙与群盗出没其地，后为红夷所据。成功自江南败还，地蹙兵弱，适红夷甲螺何斌逃至厦门，见成功，盛言台湾富强，为四省要害，且言可取状。成功大喜，束甲遂行。三月，泊澎湖，次鹿耳门。鹿耳门者，水浅沙胶，海道纡折，仅容数武。成功至，适水骤涨丈余，大小战舰衔尾而进，红夷大惊。成功引兵登陆，克赤嵌城，遂攻王城，坚守不下，乃环七昆身以逼之。十月，命弃芝龙于柴市，郑氏子孙在京者，无少长皆伏诛。十二月，成功围王城不下，乃纵火烧其夹板船，败者一人终无降意，成功乃使人告之曰："此地乃先人故物，今我所欲得者地耳，余悉以归尔。"荷兰乃降。成功既得台湾，制律法，兴学校，改台湾为伪安平镇，赤嵌城为伪承天府。府一，曰承天。县二，曰天兴、万年。

康熙元年壬寅五月，成功卒。成功自僭乱至今，凡十七年，卒年三十九。时成功长子经在厦门，台人以成功弟袭理台事。六月，赴至岛，经自称招讨大将军，嗣立。我靖南王耿继茂、总督李率泰遣人持书招经，经请如朝鲜事例，不报。经于是以周全斌为伪五军都督，与陈永华、冯锡范等帅兵还台。黄昭、萧拱宸谋奉袭拒经。十一月，昭攻经，经溃。余斌率兵力战，经还射昭，昭殪，众皆逡巡税甲，经遂入台。

二年癸卯，永明王讣至，经犹称永历年号。杀郑泰，以其贰于袭也。泰子缵绪、弟鸣骏、伪忠靖伯陈辉、伪武卫杨富、伪虎卫何义等俱来降。于是天子锐意南征，遣人约红夷合兵攻岛。十月，耿继茂、李率泰、满帅郎赛合红夷出泉州，提督马得功出同安，黄梧、施琅出漳州。经令全斌御之。得功先至，战于（乌）〔岛〕□□于阵。已而王师大集，全斌溃退，守铜山。大兵入两岛，两岛之民烂焉。

三年甲辰，黄廷、周全斌、林顺俱来降。

四年乙巳，水师提督施琅疏请攻台，不克而还。上命琅及全斌俱还京。

七年戊申，上命明珠、蔡毓荣至漳州，遣兴化知府慕天颜持书招谕。经遣柯平、叶专入奏，请如朝鲜事例，不报。

十一年壬子，吴三桂据云南、四川、贵州以叛。

十二年癸丑，耿精忠据福建，执总督范承谟以叛，八闽镇将皆附于精忠。五月，精忠调海澄总兵赵得胜兵，得胜不从，来奉经，经以得胜为伪兴明伯、左都督。时经偷安日久，兵甲钝敝，精忠易之。经遣人于精忠，借漳、泉二府，精忠不许，耿、郑交恶。经遣冯锡范取同安，精忠伪守将张学尧降。精忠惧，使王进守泉州。王进者，"老虎"也，时降于耿。至泉未几，为王锡范所逐。先是，经伪平北将军王进功入奏，精忠羁之福州。至是，进功子锡范诱杀泉州守将赖玉，遂逐进而附经，经以锡范为伪指挥使。七月，王师围潮州，精忠不能救，伪总兵刘进忠纳款于经，经遣伪援剿左镇金汉臣率舟师援之，全军俱没。九月，精忠命漳浦降总兵刘炎与王进为犄角，取泉州。十月，刘国轩败进于涂岭。十一月，赵得胜、王锡范攻漳浦，刘炎降于经，遂援潮州，与王师战于北冈，潮州围解。

十三年甲寅正月，精忠使张文韬往经议和，以枫亭为界，始通好也。五月，<u>国轩</u>入<u>潮州</u>，与<u>何佑</u>、<u>进忠</u>徇属邑之未下者。我平南王<u>尚可喜</u>帅兵十万来攻，晨掩<u>佑</u>军，<u>佑</u>死战，<u>国轩</u>继之，<u>可喜</u>北。六月，<u>经</u>帅诸将围<u>漳州</u>。先是，癸丑，我海澄公<u>黄梧</u>卒于<u>漳州</u>，子<u>芳度</u>权知军事。<u>经</u>再入岛，以<u>芳度</u>为伪<u>德化公</u>。<u>芳度</u>阳受命，阴通本朝。事泄，<u>经</u>率兵攻之。<u>芳度</u>使兄<u>芳泰</u>突围入粤乞救，自与诸将分守四门，攻围六阅月。十月，部将<u>吴淑</u>开门出降，<u>芳度</u>投<u>开元寺</u>东井以死，不及援师间三日耳。事闻，上震悼，赠王爵，谥忠勇，世袭十二代。<u>经</u>入<u>漳州</u>。

十四年乙卯二月，<u>吴三桂</u>兵至<u>肇庆</u>，（福）〔碣〕石总兵<u>苗之秀</u>、<u>东莞</u>守将<u>张国勋</u>降于<u>经</u>，<u>经</u>有<u>韶州</u>。平南王<u>尚之信</u>降于<u>三桂</u>，<u>三桂</u>檄让<u>惠州</u>于<u>经</u>，<u>国轩</u>入据之。五月，<u>精忠</u><u>汀州</u>伪守将<u>刘应麟</u>以州款于<u>经</u>，<u>经</u>以<u>应麟</u>为伪<u>奉明伯</u>，使<u>吴淑</u>入据之，始叛盟也。九月，王师入<u>闽</u>，<u>精忠</u>降。其<u>兴化</u>伪守将<u>马成龙</u>以州降于<u>经</u>，<u>经</u>以<u>成龙</u>为伪<u>珍卤伯</u>，使<u>许耀</u>入据之。<u>耀</u>沉湎酒色，不在军事，乃以<u>赵得胜</u>、<u>何佑</u>代焉。十一月，<u>精忠</u><u>邵武</u>伪守将<u>杨德</u>以州款于<u>经</u>，<u>经</u>以<u>德</u>为伪<u>后劲镇</u>，<u>吴淑</u>入据之。当是时，<u>经</u>悉有<u>泉</u>、<u>潮</u>、<u>漳</u>、<u>韶</u>、<u>惠</u>、<u>汀</u>、<u>兴</u>、<u>邵</u>八郡之地。十二月，王师败<u>吴淑</u>于<u>邵武</u>城下，<u>淑</u>奔还岛中。

十五年丙辰正月，王师围<u>兴化</u>，<u>何佑</u>疑<u>赵得胜</u>贰于我，战败不救，<u>得胜</u>死之，<u>佑</u>奔<u>泉州</u>，<u>兴化</u>陷。二月，<u>漳</u>、<u>泉</u>溃，<u>经</u>通入岛。三月，我和硕康亲王遣知府<u>张仲举</u>复申前议，<u>经</u>勿从。四月，移诸将入<u>台</u>，<u>刘炎</u>奔归王朝。<u>刘进忠</u>

降于吴三桂，寻归王朝，俱磔燕市。国轩弃惠州回岛，八郡尽失。

十六年丁（酉）〔巳〕二月，国轩入寇玉洲，三汉河、福河、下浒等堡俱下，击败援兵于江东桥，取石马，遂入镇，取湾腰树、马洲、丹洲诸堡。是时总督郎廷相按兵漳上，嗣公黄芳世、都统胡兔、宁海将军喇哈达、都统穆黑林、平南将军赖塔、副将朱志麟、姚公子、李阿哥等先后来援，俱败，国轩遂取平和、漳平，围海澄。六月，逮郎廷相，以吴兴祚为闽抚，姚启圣为总督，趋诸军援澄。诸将高垒自完，顾视不救。城破，提督段应举、总兵黄蓝死之。国轩进陷长泰、同安，乘胜围泉州，梅勒雅大里城守不下，乃徇南安、永春、安溪、德化等县。八月，官军复漳平、长泰、平和等县。我学士李光地道喇宁海，赖平南由安溪出同安，巡抚朱兴祚由仙游出永春，提督杨捷由兴化下惠安，总兵林贤、黄镐、林子威帅舟师由闽安出定海，克期援泉。八月，林贤等败伪楼船中镇萧琛于定海，国轩退还漳州，以二十一镇兵与王师战于龙虎山。都统胡兔先合不利，启圣援之，亦溃。精忠故仇郑，亲督战，立斩退缩者三人，大呼而入。马平南继之，阵斩伪海镇郑英、吴正玺等，破营十六座，斩首四千级，捕虏一千二百人，亡溺以万数，国轩泅河遁。

十八年己未十月，官军攻萧井寨，吴淑被压死。启圣开第于漳州，曰修来馆，以（宫）〔官〕爵银币饵来归者，漳、泉间人率称启圣能怀远也。

十九年庚申春正月，提督万正色及总兵林贤、陈贤、黄镐、杨嘉瑞以舟师伐岛，逼海坛，兴祚提兵与之沿海上下。经命伪左武卫林升率陈谅、江胜、朱天贵御之，既望我军，畏其众也，不战而溃。天贵来降。二月，国轩入岛，启圣乘间复十九寨，遂覆两岛。经及诸将遁入台。

二十年辛酉正月，经卒于台湾，嗣立凡十九年。经长子克□向监国，实非郑氏出。经死，经母董即收克□杀之，以克塽嗣。十月，启圣疏荐万正色为陆路提督，施琅为水路提督，图大举。琅治兵平海。

二十二年癸亥六月，官军发铜山，窥彭湖，国轩帅兵屯风柜屿、牛心湾以待。琅令蓝理、曾诚、吴启爵、张胜、许英、阮钦为、赵邦试等以七船突入，纵火焚舟。国轩分两翼合击，琅自将突围赴援，互有杀伤。明日，大兵取虎屿、井彭，水故咸，及王师云集，泉水忽甘，众志益奋。琅乃分兵为八队，每队七船，各三其叠。琅居中，余以属诸将。国轩发大矢喷筒，烟焰蔽天。我军裹创力战，尢生志，阵斩伪将林升、邱辉、江胜、陈启明、吴潜、王隆等。国轩兵士死者万余人，焚大小战舰二百余艘。国轩大溃，从吼门佚出。彭湖破，国轩入台，与冯锡范、何佑、丘磊等奉克塽，决计来降。七月，遣刘国昌、冯锡珪等赍延平王金印一，招讨大将军金印一，公、侯、伯、将军银印凡五，籍土地、府库、军实，诣军门降。八月，琅至鹿耳门，国轩使人除道迎入。克塽嗣立凡二年，时年十五。自成功迄塽，凡三世，三十八年，僭伪悉平。克塽至京师，授汉军公，锡范汉军伯，国轩天津总兵，何佑相州副将。设府一，曰台湾，县三，曰台湾，曰凤山，曰新罗。

二十九年庚辰，上特命成功及子经之丧归葬南安。宁静王术桂者，辽王后，渡海依成功。彭湖既破，术桂以王印授克塽，遂投缳死，妾袁氏、王氏、秀姑、梅姐、荷姐从缢于堂。越十日，槁葬于凤山县长治里。

杂　乱

顺治二年乙酉，金声桓入南昌，南、九款附。德化李含初倾家起兵□山，连破德安、瑞昌。时民情初附，惶惑惊恐，无敢言讨含初者。未几，含初所部王拐子私款于我守浔将余世忠，因袭□山，含初死之。同死者，生员李映阳、武生唐扉、邓士凤、熊九鼎、宗麻子。

顺治二年乙酉七月，德安郭贤操起兵克德安，遂破建昌。所部高长子私款于我，执贤操以献。时方议抚局，释勿杀。三年丙戌四月，贤操集众图再举，我师侦得，环其庐焚之，独贤操跳逸去。五年戊子，金、王叛，贤操复投袂起，为我浔帅所执，杀之。子七，次良锡，与从子良铨攻建昌，中流矢死。三良铎，从鸟兵营战死。同起兵死者，德安诸生桂登魁、胡戒。登魁妾胡氏从死。

顺治二年乙酉，右副都御史新昌陈泰来捐赀募众，遣所部李凌虹提兵复万载，杀我所置令杜章卿，连破新昌。十二月，令子正仪、正俨往他省，而自帅师东下。金声桓使署驿传道戴国士招泰来，而以大军随其后。国士入见，泰来甫出，大兵已压垒阵矣。泰来不及备，兵遂败，泰来死黄氏祠中。国士与泰来，姻也，故声桓使之绐泰来，而使之不疑。同起兵死者，瑞州刘诏新、谌廷椿、胡亲民。

顺治二年乙酉，我兵下泸溪，以李光署县事。邑贡生魏一柱缚光送郑彩所刜之，与张载述画策守泸，败我师于密潭。四年丁亥，王得仁下令族泸之丁、傅、魏三族。一柱遂弃妻子走闽，袭破将乐，联结永西、德化、兴安诸藩，攻克建宁。王师至，围而攻之，五阅月始破，一柱与诸藩俱死之，（推与）〔惟兴〕安先事出不与。

顺治二年乙酉，南昌举人汜水知县胡海定与海川董德兴起兵金川。十月，王师取婺源，金川兵绝我粮道，王师退。复攻婺源，入之，杀我所置官吏。王师袭海川诸营，定被执论杀，首既殊而不仆。同死者为揭新。

顺治二年乙酉，起兵龙泉者为天启进士刘士桢，入泰和、庐陵。三年丙戌，吉安复陷，士桢遣四子肇履入闽求援，而令季子稚升从李陈玉起兵信丰，为赣声援。赣破，避于黄田。五年戊子，金、王叛，士桢复令肇履募兵从刘一鹏围赣州，而令稚升趋南雄。金、王败，归匿龙泉，郡守索之急，乃绝粒死。稚升后战死长桥铺。

顺治二年乙酉，南都陷，江北总兵黄斌卿遁归。唐王僭立，斌卿上恢剿事宜，力陈舟山为海外巨镇，北可窥长江，南可取吴越。唐王善之，封斌卿肃卤伯，令屯兵舟山。斌卿于是立制度，籍民田，田皆入官，民十五以上者籍为兵，聚粮造船，为窃据计。三年丙戌六月，鲁王败，失浙东，平夷将军、定西侯张名振护王出海，投斌卿，斌卿不纳。靖夷侯王之仁走舟山，斌卿击杀之，尽并其众。之仁部将张国柱来争，复为斌卿所败。又劫义师将军胡来贡船，袭杀监军御史荆本彻。四年丁亥，有两王子浮海来至，斌卿沉之外洋而夺其赍。六月，忠威伯贺召尧来归，杀其全家，夺其船五十号。是时斌卿势张甚，有标将王大振者，斌卿取索无厌足，乃逃去，与郑彩、张名振、阮进等共诉斌卿逆迹于鲁王。王命诸镇会讨，斌卿将佐皆逃，阮进手斫斌卿，破其脑而沉之海。

吴江进士吴易，初为史可法监军，扬州、苏州相继失，易聚众走太湖，与同邑举人孙兆奎、诸生沈自炯、自炳、武进吴福之等结营长白荡。朱泾、四保汇则有诸生周毓祥、周谦等，出没旁近州县，以助饷为名，富家大室率遭抢劫，黠者或预贿以免祸。我兵搜剿，则彼出此入，此出彼入，间或相遇，互有杀伤。四五年间，湖路梗塞，是亦江南一大劫也。顺治二年乙酉十二月八日，谍报贼在泖西地方，发兵出剿，贼遁去。官兵至上泽镇，纵肆淫掠，总镇闻，枭示十数人，令搜各船所掠妇给还本夫。兵士畏法，遂以所掠之妇沉之江中。三年丙戌正月，忽传白党破城，城中男妇悉走避。明日，搜捉逃民，驾船以缉贼。五月五日，贼聚四保汇，泛蒲酣饮。大兵掩至，杀数百人，获其魁罗腾蛟。五月六日，白党张飞远袭破金山卫。张故诸生，兄弟俱负膂力，与吴易合营袭卫城，协镇出战，飞远遂遁去。先是，飞远约城中助己者，悉墨其鼻。飞远既遁，城中之通张者鼻尚墨也，协镇悉杀之。七月，获周毓祥，送南京杀之。周谦来降。未几，获吴易，杀之杭州。八月，白党悉来降，提督吴兆胜人给一免死牌，其头目悉于原官加衔一级，于是乞儿贱隶争入白党者，悉有参游之号。

顺治二年乙酉六月三日，吴淞副总兵吴志葵帅舟师入申浦，直抵米市塘驻泊，旗号四会，松人望之，以为义旅也。及至，惟以令箭提某富室索银若干，某富室索米若干，纵兵大掠，所至一空，遂逐我朝所置守令，公署狱铺尽毁，于是松城有民而无官。既移泊黄天荡，窥苏之阊门，令参将鲁之玙以五百人攻之，鲁没于阵，全军歼焉。志葵气沮，退师泖中。已，两广总督沈犹龙据松江，而陈子龙、徐孚远等亦起兵太湖中，军号振武。然与志葵俱泊城外，不与城守，城破亦不能救也。王师取松江，志葵将航海以遁，移师申浦，抵得胜港。我师以小舟薄之，掩其不意，须臾火器齐发，烟焰蔽天，军遂大溃。志葵被执，乞降不许，杀之浦中，积尸如丘焉。子龙后死吴兆胜之乱。

庐陵王蔼妻刘淑英，父铎，扬州太守，死珰难。淑英年十八而寡，尝割股以疗姑疾。甲申国变，自矢报国，遂集家僮百人，捐赀召募成一旅。顺治三年丙戌，楚将张先璧驻永新，淑英领所部赴焉。张奇其才，欲娶之，淑英不可。张因分遣其部众，淑英忿恨而卒。

顺治三年丙戌，大兵取广州。四年丁亥三月，兵科给事中陈邦彦及新会王与、潮阳赖其肖先后举兵，说甘竹滩积盗余龙围广州，而己发高明，兵从海道入珠江，与龙会。

时大兵在桂林，闻乱还救，声言取甘竹滩。龙军素无纪律，遂退，邦彦亦却归。四月，遣门人马应芳会龙军取顺德，应芳败，赴水死。龙再战于黄连江，败没。初，广州之围，我巡抚佟养甲获降者，知谋出邦彦，袭其家，执妾何氏及子和尹、虞尹，以招邦彦，邦彦不从。养甲壮之，仍善待(四)〔其〕妾及子。后郡绅李皇一、举人杜璜起兵攻肇庆，乃杀之，璜等亦败死。八月，东阁大学士陈子壮亦起兵九江(屯)〔邨〕，兵多蛋户番鬼，善战。九月，邦彦密约子壮复攻广州，水陆并进，且约原广州卫指挥杨可观为内应。子壮先二日至城中，不敢应，又张檄者为我所获，事以不果，可观被杀。时成栋攻张家玉于新安，邦彦因与子壮谋曰："成栋闻警必急还，我伏兵禺珠洲侧，而公以大舰逼其西，可以得志。望青旆而朱斿者，我军也。"成栋还至禺珠洲侧，邦彦以火舟冲之，焚其数舟，成栋引而西。会日暮，子壮不能辨旗帜，疑皆敌舟也，阵遂动。大兵击之，遂溃，子壮长子上庸战没。会故御史麦而炫破高明，迎子壮，子壮奔高明，邦彦奔三水。未几，清远指挥以城迎邦彦，邦彦入清远，与诸生朱学熙同城守。数日，城破，邦彦率兵巷(载)〔战〕，肩受三刃，遂被执系狱，五日杀之。学熙自缢于朱氏园。未几，破高明，子壮所署知县朱寔运战死，子壮、而炫执至广州，论杀，子壮母自缢。

顺治四年丁亥，故广信巡抚张家玉与举人韩如璜结乡兵攻东莞，入之，籍前尚书李觉斯家以犒士。甫二日，大兵至，家玉败走西乡，如璜战殁。家玉祖母陈、母黎、妹石宝俱赴井死，妻彭被执，不辱死。西乡大豪陈文豹奉家玉取新安，复入东莞。未数日，大兵复来攻，家玉败走铁冈，沿途集众，复得数千人，遂入龙门、博罗、连平、长宁，攻惠州，克归善，还屯博罗。大兵至，走龙门募兵，复得万人，分龙、虎、犀、象四营，拔增城而据之。大兵来攻，分其军为三，倚溪崖以自固，大战十日乃败。诸将请溃围出，家玉叹曰："矢尽炮裂，欲战无具；将伤卒毙，欲战无人。"因遍拜诸将，赴野塘以死。初，家玉之走铁冈也，觉斯尽发其先垄，毁其家庙，歼其乡以复焉。

乐平倪大显与兄大恢、大登，俱以勇力闻。乙酉，饶州司理周损币致之。周败，归黄道周。黄败，从曹大镐。顺治五年戊子，王得仁大发兵屠乐平，军中闻显勇，争取之，以为奇功。有僧长八尺余，下马搏显，显斫僧，应手落。已，大兵悉集，显知不支，遂自刎。大恢、大登被执论死。

吉水王宠者，初从刘同升起兵，以所部不戢去。已，往来临、吉、抚、赣间。一日，为我兵所获，宠即诡降。夜半起，尽杀同伴，即载其旗帜以下。过新淦，峡江令见旗帜，以为本兵也，出迎江浒。宠遽起擒杀，连破二县，遂遁。已，吉水邹文鼎与从侄敬起兵，宠与合营。大兵至，鼎、敬俱败获。鼎赴水死，敬解省论杀。宠急书"追剿王宠"四字于旗，大呼杀贼，遂逸去。既逸，我兵始知其即宠也。明年，金、王叛，遍招王宠不得，盖宠入山死矣。同时有安仁僧丹竹者，益藩起兵所招三十六营之一也。益藩败，从揭重熙袭抚州，猝遇我将王得仁，丹竹以步逐马，戟及得仁面，几获之。声桓兵过安仁，闻丹竹病，遣九骑缚之。丹竹闻，力疾起，呼所部十余人先伏于隘，侦知金骑在酒肆中，丹竹单身入肆。金骑见其为僧，而不知其即丹竹也，因问识丹竹乎，竹应声曰："我即是。"遽拔刀杀二人。七骑者上马驰，遇伏，获其二；前，再遇伏，获其三；惟二骑得归耳。声桓破广信，多卤获。丹竹邀之，先以木桩置水中，因持长枪火箭逐之。声桓兵弃舟走，尽得其所获。后率壮士邀贝勒零骑之入闽者，大兵忽至，马蹶见杀。

　　顺治四年丁亥四月，松江提督吴兆胜据城以叛。先是，三年丙戌六月，李成栋调往福建，兆胜移镇松江，有周谦者，故从白党来降者也，稍知文墨，兆胜昵焉。因通海寇黄斌卿，令举兵内向。给事中陈子龙、举人殷之辂、生员张宽等皆与其谋。斌卿约于四月十六日兵至，而海舟非风不行，连日北风大作，舟不时至。海防同知杨之易、推官方重朗知其谋，潜移书洪承畴，言兆胜反状。承畴未之信，即以其揭下兆胜，兆胜大惧。十五日夜将半，以令箭促之易、重朗至，杀之，意明日黄兵必至也。天既曙，城外寂然。副将詹天祥知事不济，即同都司高永义率兵入，执兆胜，按诛将校十七人。二十四日，大兵至松江，执子龙于广富林，子龙乘间赴水死，出其尸戮之。子时（陈）方五岁，亦论杀。殷之辂、张宽逮至南京，斩于市。

　　孔彻元、彻哲，建昌人，家素封。有蔡观光者，其客也。顺治五年戊子，金、王叛，王师围之。哲往援，溃没，元心勿能忘也。六年己丑七月，讹传瑞德七邑奉靖武遗宗，元闻大喜，遂入城，逐我所置令刘时俊。已而各邑寂然，同党执元以献，兵卒皆散，而观光心勿善也。七年庚寅，将揭竿起南昌，迹露，走鄱阳，为巡卒所获，论死。

顺治五年戊子，金声桓据南昌以叛，星子诸生吴江起兵应之。王师再平江州，江返南康，为拒湖计，结垒开先寺。已，败走都昌，得旧镇张土彦标将黄才溃兵二百人，部勒之，冀复举。已而黄才款于我，执江来献，论死。

顺治二年乙酉，吏部尚书郭维经之子应铨、应衡、应煜举兵临川，与我兵大小十余战，颇有斩获。唐王授应铨、应衡兵部郎中，应煜户部主事。维经视师赣州，应铨驻兵龙泉，为赣犄角，而声势不相应。四年丁亥，我兵攻龙泉，应铨设伏败之。部将刘文煌引我兵入城，铨、衡兄弟皆被执。应铨投岩下不死，刘一鹏欲降之，不顺命，扼吭以死。应衡至吉安，一鹏饮以酒，应衡碎饮具大骂，凿齿断臂以死。应煜见我按董学成，唾而骂之，抽肠死，死尤酷。